辉光日新 智慧课堂

新港小学教育创新探索论文集

温丽珍 / 主编

东北师范大学出版社

长 春

图书在版编目（CIP）数据

辉光日新，智慧课堂：新港小学教育创新探索论文集 / 温丽珍主编 . —长春：东北师范大学出版社，2017.7
　ISBN 978-7-5681-3564-1

　Ⅰ . ①辉… Ⅱ . ①温… Ⅲ . ①小学—教学研究—文集
Ⅳ . ①G622.0-53

　中国版本图书馆CIP数据核字（2017）第199223号

□策划创意：刘　鹏
□责任编辑：王　静　石纯生　　□封面设计：姜　龙
□责任校对：马海斯　刘彦妮　　□责任印制：张允豪

东北师范大学出版社出版发行
长春净月经济开发区金宝街118号（邮政编码：130117）
电话：0431-84568033
网址：http://www.nenup.com
北京言之凿文化发展有限公司设计部制版
北京市华审彩色印刷厂印装
北京市大兴区西红门镇一村（邮政编码：100162）
2017年7月第1版　2017年8月第1次印刷
幅面尺寸：170mm×240mm　印张：14.75　字数：300千

定价：36.00元

校园里处处有新的生机
孩子们天天有新的发现

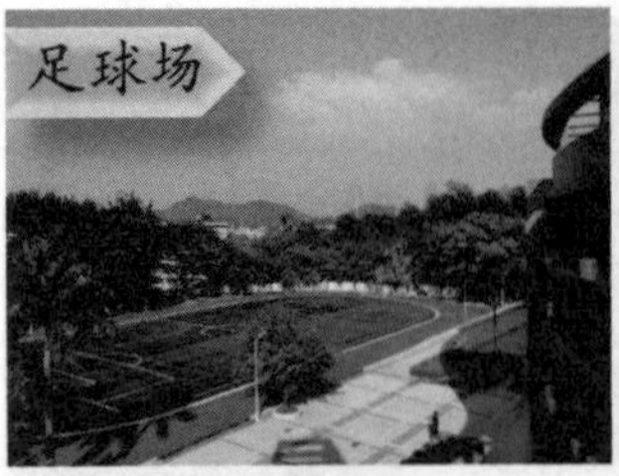
足球场

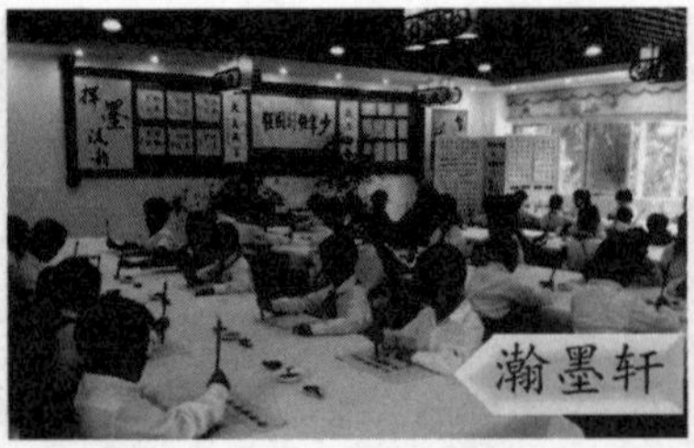
瀚墨轩

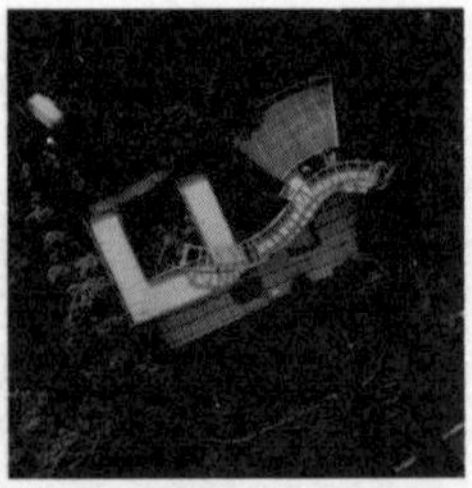

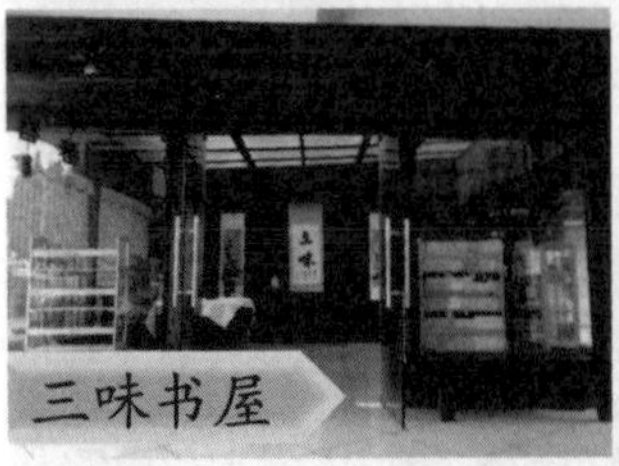
三味书屋

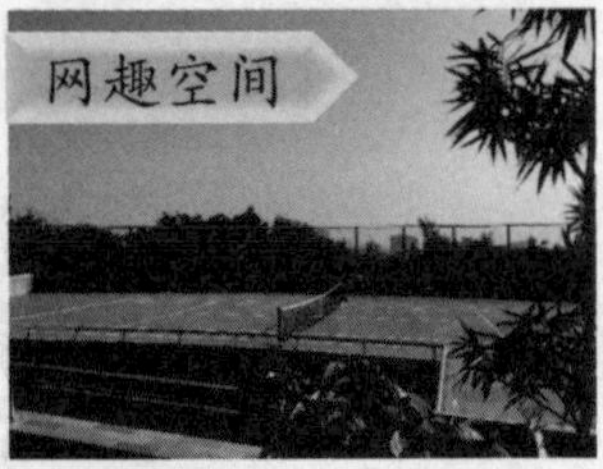
网趣空间

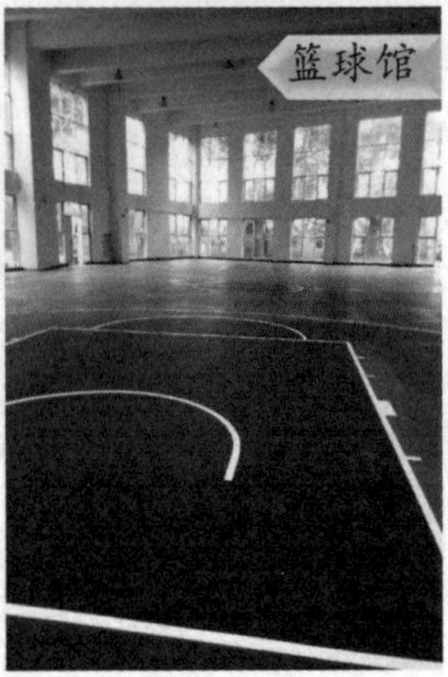
篮球馆

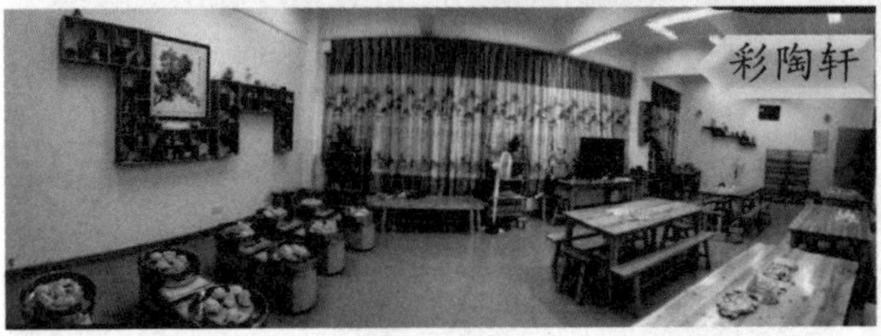
彩陶轩

日新校本课程

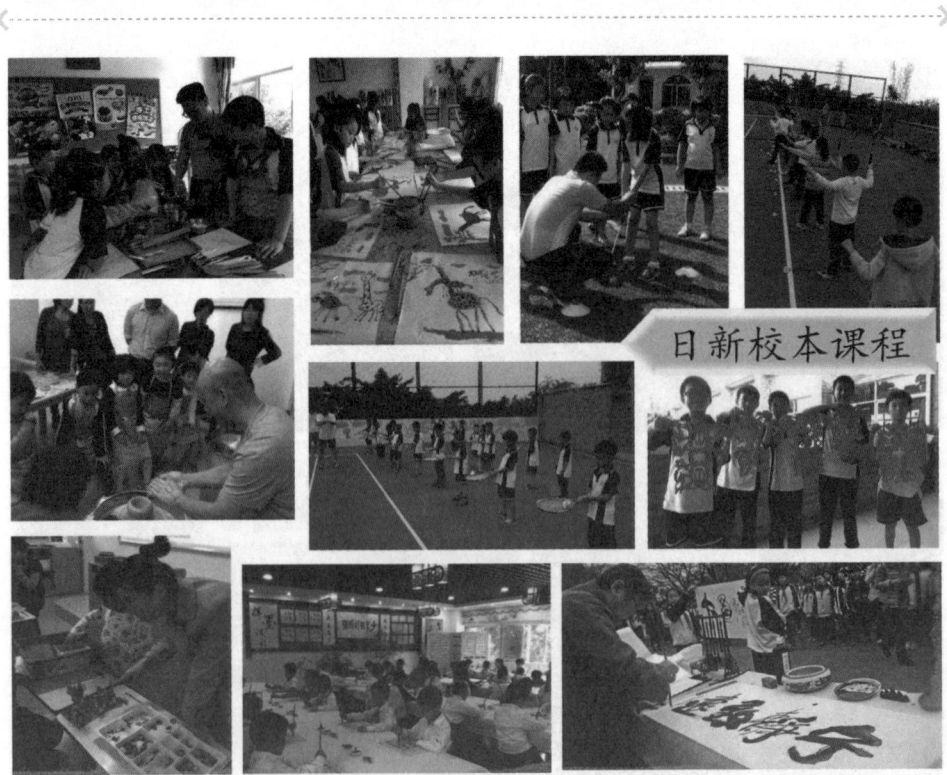

国际友好学校交流

布莱顿市长接见新小师生

目录 CONTENTS

夯实基础、内涵发展、特色引航 / 温丽珍 ················· 1

辉光日新，成就教育的美好 / 温丽珍 程雄芳 沈真燕 梁翀华 ········ 8

关于打造和谐教师团队的几点感性思考 / 温丽珍 ············· 17

底气、地气、大气，优秀校长的共同特质 / 温丽珍 ············ 21

平顺而巧妙地从起点到达终点 / 程雄芳 ················· 25

浅谈小学语文课堂教学中学生审美能力的培养 / 沈真燕 ·········· 30

从略读课文教学谈高效课堂的创建 / 陈纯娜 ··············· 35

新课标下，人性化之花更璀璨 / 叶芸 ·················· 40

看图写话四结合语言训练 / 钟碧芬 ··················· 44

浅谈在阅读教学中如何培养学生自主感悟的能力 / 黄雪梅 ········· 48

整体阅读教学法浅谈 / 李小玲 ····················· 53

学会观察，开辟写作新天地 / 陈凤玲 ·················· 60

交互式电子白板在小学语文作文评改中的运用 / 麦柳芳 ·········· 64

小学语文高效课堂的探究 / 陈雪丹 ··················· 68

浅谈整合教学资源，提高教学效率 / 李玉娇 ··············· 73

浅谈智慧教师思维方式 / 梁翀华 ···················· 83

关注盲点：倾听男孩的声音 / 林穗莉 ·················· 88

如何指导小学生写好作文 / 杨巧雅 ··················· 92

迈向新课程标准 / 陈国针 ······················· 94

促进小学数学自主学习的课堂管理策略的研究 / 唐浩鹏 ·········· 100

浅谈如何提高小学三年级数学有效教学 / 黄美贞	105
浅谈小学数学高效课堂教学的策略 / 罗金环	110
构建优质小学数学课堂的途径探究 / 陈昱霖	116
"运用同题异构"的教学方法，提高小学数学课堂教学有效性 / 常珍花	121
小学四年级学生课堂行为的观察研究 / 陈丹纯	126
追求高效课堂 / 李观武	134
浅谈以实践活动为中心的小学数学课教学设计 / 梁丽红	139
智慧教学，高效课堂 / 吴晓明	146
巧设活动，促进概念的建立 / 许少琼	150
关于打造小学英语高效灵动课堂的探索 / 袁丹	159
浅谈如何打造小学英语高效课堂 / 陈燕灵	164
浅谈培养学生的英语交际能力 / 陈健敏	169
浅析小学英语模块教学中口语教学存在的问题与对策 / 林燕婷	172
提升教师素质　铸就智慧教师 / 郭泽婉	176
如何在小学英语教学中应用小组合作 / 彭琼珍	180
有效导入，高效课堂建构的美妙"前奏" / 黄莹	189
浅谈小学英语词汇教学 / 傅映萍	195
中小学体育教师如何应对新课程标准下教学之我见 / 李金胜	201
情境教学在小学体育课实施素质教育中的应用 / 张远灵	208
巧用新课标激发小学生体育兴趣 / 黄耀	212
创设教学情境，激发学生创造性思维 / 钟珠明	217
探讨美术教学中的资源利用 / 吴海峰	222
论兴趣在美术课堂中的重要性 / 周阳	227
高效音乐课堂应坚持音乐教育实践观 / 张丽茜	230

夯实基础、内涵发展、特色引航

——新港小学发展问题分析与改进及未来工作实践的设想、规划、思路的报告

广州市黄埔区新港小学 温丽珍

社区概况

黄埔区新港小学地处广州东部，临近广深公路，所在区域是一个典型的城乡接合部，由于南面及东面均是广州经济技术开发区，厂企无数，周边外来务工人员众多。学校毗邻华南第一大港——广州港属下的新港公司，所属管辖的街道办事处和派出所在学校东面3公里处，社区警务室就在学校百步梯下，所属小区管理封闭，相对安全。但是，小区外面是农贸市场，对面是沙步社区（转制社区），四周的环境比较混杂，而我校不住小区的学生过半，所以，出了小区，相对不安全。此外，学校三公里的包围圈内有闻名遐迩的古代海上丝绸之路的起点南海神庙、风景优美的龙头山和丹水坑风景区，声名远扬的南岗海鲜、南岗鱼包的发源地就在我们所隶属的街道，每年菠萝诞期间，民俗活动影响非常大，社区的历史文化资源还是相当丰富的。

学校概况

广州市黄埔区新港小学创建于1978年，前身是广州港务局子弟学校，2005年11月移交广州市黄埔区政府。近两年先后被评为全国红领巾集邮行动示范校、广州市优秀家长学校、广州市德育示范校、广州市书香校园。学校坐落在广州港集团新港生活区宿舍小区内的一个山坡上，占地12478平方米，校园内

有近百棵树木，一年四季鸟鸣枝头、落英缤纷。乘借广州市校安工程建设的东风，我校作为重点工程，于2010年底启动了重建工作，从整体规划设计招标至今，已经完成了第一期工程并马上交付使用，第二期工程于2013年7月完工。学校建成后，建筑面积达到6758.8平方米，拥有24间课室，一个1000平方米的体育馆，图书馆、舞蹈室、音乐室、美术室、书法室、综合实践室、电脑室、科技探究室等专用室场一应俱全，加上已经建成的200米塑胶跑道和标准的草皮足球场，完全符合广东省规范化学校标准。此外，毗邻的新港中学搬迁在即，新港小学占据地理优势，加之教育局有扩大新港小学的办学规模的想法，学校的发展将面临一个更大的契机。

师资队伍

新港小学教师队伍主要由以下四个板块组成：①港务局工转干的教师；②港务局职工随迁家属；③各大中专院校应届毕业生；④代转公教师。

项　目	35岁以下青年教师	35~45岁中青年教师	45~60岁中老年教师
合计	10	16	9
男	0	5	2
女	10	11	7
本科学历	10	13	3
原始本科	6	3	0
小学高级	4	11	6
小学一级	6	4	3
应届毕业生	7	9	0
工作调动	1	3	0
代转工	2	2	0
工转干	0	0	3
随迁家属	0	2	6

新港小学发展亟须面对的问题：

一、学校文化的凝练和进一步提升是学校快速成长的基石

关于学校文化与办学特色，新港小学曾经很纠结，因为自己没有足够的底气。在思考的同时，也做了很多尝试与实践，比如打造学校的足球特色，号召全校师生参与足球运动，让足球进课堂，把每年的四月定为足球文化节普及足球常识，开展足球徽章设计比赛等。因为一个良好的契机，在第一届足球文化节时，区委书记陈小刚和足坛名宿古广明为推动我区足球进校园活动，身体力行，参与了我们的开幕式，古广明先生还带领历届国家队粤籍球员对阵黄埔区机关足球队，为全校师生和家长展示足球的魅力，古广明足球俱乐部在我校设立训练基地，学校还聘古广明为学校荣誉校长。整个活动受到了广东所有主流媒体的关注和争相报道，以至于我校的足球特色一夜成名。但是，在掌声与赞许声中，我们还是有一点心虚，现在看来，就是光明小学刘校长所说的要弄清特色活动、特色课程和办学特色的问题了。

去年，为了让学校的足球特色更有底气，新港小学开展《足球进校园，促行为习惯的养成》的课题研究，并成功立项为市级课题。尽管如此，我们还是感到不满意：其一，我们不单只推进了足球这项特色，学校在无线电、舞蹈、科技、美术、棋类甚至阅读等方面的普及工作也推进得很好；其二，我们也在冥思苦想，我们的团队到底是在追寻什么？现在看来，就是刘校长所谈，我们其实是在追寻学校的办学特色。

"让每一个孩子得到和谐的发展"是新港小学历任校长不懈追求的办学目标，那么，我们应该以一种什么样的理念去引领这个办学目标呢？新港小学的生源就是一线的工薪阶层和外来务工人员的子弟，家长素质不高，孩子见识不多，但家长和孩子都很淳朴，所以，我首先想到的是，我们需要从一点一滴开始，引领孩子成长，这就有了"辉光日新，至善至美"。"辉光日新"出自《周易》，意指一个人在道德、艺术、学习等方面每天都有一点小进步。至善是指善言善行善思善怀，怀指胸怀，意指有国际视野；至美是指心灵美健康美自信美阳光美。为此，我们提出了"日新教育"，倡导每个孩子努力让自己每天都有一点小进步，鼓励孩子参与第二课堂和学校的特色课程，号召家长支持，让体艺特长成就孩子一生的自信。再后来，我们就有了"塑阳光少年"的想法：爱踢球的孩子，他们健康、勇敢、有毅力、有团队精神，所以他们是阳光少年；爱科技的孩子，他们善于思考、创新、有探索精神，所以他们是阳光少年；爱舞蹈的孩子，他们尚美、勤奋、有吃苦精神，所以他们是阳光少年……总而言之，我们追求一种阳光精神，让运动的阳光美、发展的阳光美、师师和师生还有生生之间交往的阳光美充满校园。

二、教师队伍的师德建设和专业化成长是重中之重的工作

学校的教师队伍学历起点普遍不高，非正式师范专业毕业的教师为数不少，代转公、工转干、随迁家属等教师专业起点不高，虽然大多教师能做到爱岗敬业，勤奋努力，甘于奉献。但是，由于年龄老化，知识陈旧，课改难度大，信息化水平偏低，研与教的能力水平较低，制约着教育教学质量的提升。还有几名教师一直不能改变厂企学校养尊处优的坏习气，思想不求上进，工作上不求提高，业务上不求进步，教学上不求质量。所以，教师队伍的师德建设和专业化成长是重中之重的工作。

在此之前，我们在加强教师队伍建设方面主要采取的行动是：①每位教师制订个人发展规划，做到有目标；②教学研讨采取走出去、请进来的方式，做到有榜样；③青年骨干教师采取骨干教师对口扶持，做到有指导；④启动中老年教师保鲜工程，做到有保障。执行至今，我们也收获了成效，但更多的是看到问题：比如受惠面不广，只是个别机会多的教师成长快；比如时间没有保障；比如科研的目标凌乱，如果有课题的引领，目标定然会更加清晰；比如欠缺专家的定期指导。

为了打造成今后黄埔东部的广州名校，新港小学教师队伍建设将彰显"辉光日新，至善至美"的办学理念，围绕"本真求巧"的教学思想，努力尝试筹建专家工作室，邀请广州市各学科的特级教师加入工作室，以专家团队引领、

科研团队攻坚，倾力提升教师的文化素养和促进专业发展，提高教育教学水平，打造高效课堂。鼓励各科教研组长从学科教学、教学方式、课堂实践到教学评价进行较为深入的、整体的探索，不断提升学科价值的层位，完善学科教学建设，深化学科教学研究。专家工作室的专家和教师实现"绑捆"式教研，每天共同走进课堂，研究课堂，为青年骨干教师的迅速成长导航。各学科以课题研究为切入点，做到有的放矢，把课题研究带进课堂、带进教研，常规化、日常化，使课堂逐渐去除浮华，回归教学本真，更有效地促进了学生的发展。

与此同时，我们更加能看到的是希望，40岁以下的骨干教师占了全体教师总人数的50%，临近退休或五年内退休的老教师有8人，占25%，也就意味着我们未来几年每年都将有1～2位新毕业生分配到学校，他们将持续带来活力。学校现在80%的教学和科研重担均落在40岁以下的中青年教师身上，这批教师在学校各个岗位发挥着极其重要的作用，并取得了相当多令人瞩目的成绩，先后在"第四届全国中小学生新媒体新技术教学应用研讨会暨基于交互技术的教学观摩活动"教学课例评比中荣获两个二等奖（录像课）和两个三等奖，荣获广东省教育技术能力建设项目教学应用创新竞赛一等奖（现场比赛）、广东省师德征文比赛一等奖第2名。此外，在广州市还有黄埔区的比赛中，年青教师更是光彩夺目，他们的快速成长，将使学校教育教学质量进一步提升。

三、管理队伍规范统筹管理意识的加强是学校健康发展的动力

学校不大，五脏俱全，我们校级领导2人，中层队伍共5人，既有工作经验丰富的两位老人，也有锐意进取的两位新人，还有一位是刚提拔的中青年教师。他们五人，有的工作能力很强，有的工作责任心很强，但或多或少会有一些问题，比如要么欠缺与人协作的精神，要么管理和规范意识不足，怕得罪同事，其中有一位主任一年后退休，故对中层干部的培养是我们迫在眉睫的工作。没有规范的管理便没有规范的学校，没有卓越的管理团队便没有卓越的学校，提升管理人员的自身素质和管理意识，优化管理模式，将会是我们学校今后工作的一个重要部分。

四、全面铺开新课标理念下的课程建设是提升质量的根本保证

王建宗校长不愧是教育的行家、专家，他的研究再次验证了"所有伟大出自平凡"。王校长仔细地计算出学生接受义务教育期间所接受的总课程的各类具体数据，小学阶段我们的孩子接受6000课时的学习，其中语文占20%~22%，数学占13%~15%，英语占8%，品德占7%~9%，体育占10%~11%，艺术占9%~11%，科学占7%~9%，综合实践占6%~8%，地方与学校课程占10%~12%。

谈个题外话，中央电视台《对话》节目邀请了中美两国即将进入大学的优秀高中生。两个环节因为中美学生表现的强烈对比，令人震撼。在价值取向的考察中，主持人分别给出了智慧、权力、真理、金钱和美的选项，美国学生一致地选择了真理和智慧。所有中国高中生中，只有一个选择了真理和智慧，有的选择了财富，有的选择了权力。接下来的环节是制订对非洲贫困儿童的援助计划。首先由中国学生阐述。我们的孩子从中国悠久的历史入手，从歌颂丝绸之路、郑和下西洋，到吟咏茶马古道，然后弹古筝、弹钢琴、吹箫、大合唱、深情地背诵，最后对非洲的援助计划轻描淡写地一笔带过。只说组织去非洲旅游，组织募捐，还去非洲建希望小学。有一个留美的华裔作家发问，你们募捐，是要我掏钱出来，首先你的整个援助计划得打动我，我还要知道我的钱都花在什么地方，我捐出去的每分钱是不是都真正发挥作用了。我们的学生对于这样的问题面面相觑，谁也回答不出来。美国高中生的方案，则是从非洲目前的实际情况，从也许我们都想不到的非洲社会生活的方方面面入手，每一项，做什么，准备怎么做，甚至具体到每项的预算。每个人分工明确，又融成一个整体，整个计划拿来就可以进入实施阶段。

这两个环节，使人无由地悲愤：当需要中国学生展现出理想和精神的崇高的时候，他们要追逐金钱和权力；当需要中国学生立足实际，脚踏实地解决问题的时候，他们又吟诗弄赋，在实际问题的外围不着边际地轻轻飘浮。他们都代表了国家的未来和希望……

这个题外话还真不是题外话，即使是从我的学校挑出几名最优秀的孩子与美国的同龄人做类似的PK，同样会输得彻彻底底。中国的教育真的出现了很大

的问题，问题在哪，可以说是民族的劣根性，但更多的还要归咎于我们的大环境下的大教育的方向迷失，如果说跟学校最大关联的部分就是，我们课程还是处在形而上学的状态。综合实践与地方校本课程合计占了20%的比例，如果都用来做语数英的练习或最大意义上的纸上谈兵，那么，我们永远都教不出诺贝尔奖获得者，更教不出慈善家。

与北京小学的四季课程相比，我们新港小学的课程建设还处在一个很原始的状态，没有整合出一支优秀的专业的队伍承担科学、综合实践、地方课程及校本课程，没有一个更详细的课程规划引领课程建设，这都是主要原因，新课标理念下的课程建设迫在眉睫。

发展展望

（1）成为黄埔东部一所规范办学、拥有良好校风的一流郊区学校。

（2）成为广州东部一所具有鲜明办学特色的郊区名校。

（3）成为广州一所具有国际视野、鲜明办学风格、高出品的名校。

辉光日新，成就教育的美好

温丽珍 程雄芳 沈真燕 梁翀华

一所学校在富有个性的办学理念引领下，其所呈现的学校教育生态、校园所洋溢的文化特质、师生所彰显的精气神，便是我们所理解的特色学校。

作为改革开放的前沿阵地，新小人秉承了广州人敢为人先的劲头、开拓创新的精神、海纳百川的气魄，先后与瑞典、英国、美国、挪威的教育同行开展深入交流，缔结同盟校，定期互派师生访问；与香港、台湾同行合作开展科学等课程；扶持西藏林芝二小、广东阳山乡村小学。

"旭日东升，逐日行远"的办学理念，为学校、教师、学生的发展指明了方向。清新校园、自新德育、鼎新管理、纳新教学、日新课程五方面均体现了教育策略，使"日新教育"更具可行性。

近年来，学校也得到了社会和家长的高度认可，先后被评为全国体育联盟实验学校、全国"红领巾集邮文化体验行动示范学校"、广东省规范化学校、广东省足球推广学校、广州市德育示范学校、广州市示范家长学校、广州市足球推广学校等。2016年7月1日，由广州市教育局指定接待了来自八个省的教育厅厅长观摩学校的特色课程和文化建设，获得了领导们的充分肯定。

理念文化的系统实践，让我们有了更进一步的思考与提升。

一、清新校园——让特色文化植根于校园每一寸土地

（一）清新校园环境建设

清新的本义是"清爽而新鲜"，这正是清晨旭日光辉所营造的校园氛围。文化是有根的，应该是自然生长的状态。为营造良好的育人氛围，学校致力于

将学校文化植根于校园的每一寸土地之中。

行走在新小的校园，你会不经意穿梭于小桥流水、竹外桃花、亭台楼阁、轩榭廊舫。新小校园的空气里，处处弥漫着日新教育的文化符号。点滴的细节无声言说日新教育的生命力与教育能量，成为学校特色深度推进的生命空间。勃勃生机充盈着校园的每一个角落，凝聚着师生的美好期待与共同努力。一花一草、一水一石，承载着不一样的故事。

教育是心灵的微妙滋养。学校同样注重人文景观、物象文化的打造，如校训石、主题景观、教室楼道文化布置等。学校每一幢建筑物、小花园等的命名都凝聚着我校教师的集体智慧，蕴含和外显学校的办学理念与特色。至善楼、至美楼、春晖园、百草园、桃李园、日新阁、揽月阁、摘星阁、沧浪亭……校门口的百步梯，更是"日新教育"的一种物象凝聚。

校园的打造更在于生活的智慧，教育的目的就是让孩子们拥有幸福的生活。三味书屋、网球场、羽毛球场、陶艺室、瀚墨轩、烘焙室、采薇诗社、美术室、舞蹈室、丝竹乐社、网趣空间……每一间专用场室都成为展示学生特色活动成果的平台，有着不一样的景致与氛围，让人不自觉沉醉其中。

学校每一处景观、每一间场室都是"环境育人"思想的具体体现，处处展现着"清新校园"的环境理念。诗意校园成为孩子们丰富学习经历的场所，成为陶冶情操美化心灵的精神家园，成为点燃梦想、走向宽广世界的起点。

（二）现代化环境建设

紧跟教育现代化的步伐，新港小学力求创造一流的教学条件及环境，引进了不少教育设备，如希沃、e-world等，受到了省督学领导们的关注和赞扬。现代化环境的建设为学校特色建设的保持和深化奠定了坚实的基础。

二、德育理念：自新德育

"学以自新，政惟柔克。"自新意谓"自强不息，日有新得"，德育是全方位塑造人的品行的工作，作为广州市德育示范校，学校循着"让路走得更宽，把形式定格为程序；让面铺得更广，把被动转变为内需；把事做得更细，使普及提升为项目"的工作思路，致力于以旭日的至诚至信之心为基础，引导学生在品行上日益更新，每天进步一点，做更好的自我。

三、管理理念：鼎新管理

《周易·杂卦》：革，去故也；鼎，取新也。

鼎新，指去旧、更新、革新。在学校管理上去除旧的不合时宜的规章，建立以人为本、明晰有效的制度，倡导公平、激发热情，创造和谐的团队氛围，使每一位教师都能全心投入，享受工作。

随着新港小学重建工程全面竣工，学校发展面临前所未有的机遇与挑战。多次的研讨会均激发了教师们高度的参与热情，高效务实，为学校进一步思考定位、谋划发展提出很多切实可行的建议。

随着特色学校建设的深化，教师将会发挥越来越重要的作用。

四、纳新教学——培植教师善美境界

《庄子·刻意》：吹呴呼吸，吐故纳新。纳新，原指吸收新鲜空气，现多用来比喻扬弃旧的，吸收新的，不断更新。

教师队伍的成长，推动了学校特色与教育教学有机渗透、融合，促进了学校的特色建设，不断提升学校办学的软实力。

其一，专家引领，提升教师专业化水平。特级教师、名教研员数次受邀来到新港小学为教师们开讲座、听课磨课。因为执着，教师们的教育追求、教育视野、教育情怀、教育力量、教育境界不断更新与提升。

其二，多元交流，冲击教育教学理念。学校的特色建设也彰显在国际多元文化的交流，利于多元教育文化冲击我们的教育理念与教育追求。近两年，十三位学科教师在英、瑞、挪开展教学交流，英、瑞近十位教师到校进行课堂教学交流，涉及语、数、英、体等学科，学校还曾举办面向全区的"英语自然拼读法"主题讲座。

其三，科研先导，培育研究型教师团队。立足于教育科研，聚焦课堂教学，教师们在学习中研究，在研究中实践，在实践中反思。各课题的开展，教师论文集的出版，成为记忆的整合、思想的交流、观念的碰撞、灵感的源泉，

标志着我校教科研工作又向前迈进了一步。

五、日新课程——让特色课程普及新小每一位学生

特色学校的建设以构建成熟的特色课程体系为依托。因此，日新教育的着力点之一就是日新特色课程的构建与实施，将课堂更深更广地延伸到生命、生活、生长的范畴之中，带着学生走出教室、走出校园，走进自然、走进社会、走进生活，体现的是对教育本真的追求。

（一）学校课程发展现状分析

有生命力的课程一定是深深扎根于时代与地域，立足于儿童的课程。依托学校人文历史的轨迹，以周边文化资源为依附，以特色学校建设为基础，学校在深入了解与分析学校课程情境的基础上，不断寻求最适合学校的课程发展路线。

在发展优势方面：

（1）旭日文化为课程建设奠基。

（2）在地文化课程资源丰富。

（3）多彩活动延伸课程体验。

（4）教师参与课程开发积极。

（5）孩子们的课程需求强烈。

（6）开放的课程视野。

课程仍存在着不少发展空间与生长点：

（1）学校课程逻辑的梳理、结构体系需逐步完善。

（2）课程资源开发与利用的力度及深度仍有待于进一步挖掘。

（二）学校课程哲学

基于对学校课程情境的分析，学校站在一个新的起点重新定位教育思想和课程哲学，确立了日新教育哲学以及相应的课程理念。

1. 学校教育哲学

日新教育，即追求每日之进步的教育，它是素质教育的校本化实践与个性化创造。

我们的教育信条：

我们坚信，

教育即心灵解放与敞亮；

我们坚信，

每一个孩子都是初升的太阳；

我们坚信，

教育就是鼓舞孩子们日臻完善；

我们坚信，

让孩子们经历一百个世界的地方叫学校；

我们坚信，

让每一个孩子不断超越自我是教育的神圣使命。

2. 学校课程理念

"让孩子经历一百个世界"课程理念引领下的"百步梯课程"，既根植于"旭日文化"，也是日新教育的体现与落实。我校确立如下课程理念：让孩子们经历一百个世界。这意味着：

——课程即浓缩的世界图景。

——课程即学习经历的丰富。

——课程即生命的独特体验。

——课程即不断超越的旅程。

3. 细化课程目标

作为学校特色课程建设的重要基点，学校对课程目标进行了细化，综合考虑学生身心发展规律等多方面因素，从低、中、高三个年段体现进阶式的上升与深化，使"百步梯课程"更具可行性。

4. 学校课程框架

基于"让孩子们经历一百个世界"之理念，"百步梯课程"放眼最美校园，联通宽广世界，架构学校整体课程。

在横向上，以多元智能理论等为理论依据，将各类课程重新进行有机整合，分为六大类课程。六大类课程分别指向六种智能，旨在培养全面发展的人：

明德亭——自我与社会课程；韵力台——运动与健康课程；

摘星阁——思维与逻辑课程；揽月轩——科学与探索课程；

慧语桥——语言与交流课程；创艺廊——艺术与审美课程。

在纵向上，以学生身心发展规律为出发点，分为不同的层级，体现进阶式的上升，从新小一阶至新小六阶，拾级而上，为孩子们精心设计不同的课程目标与内容，努力形成天然的、逻辑严密的课程肌理，体现"逻辑结构"与"心理结构"的有机统一。

5.学校课程实施

日新课程的构建与落实，体现着学校、家长、地域、社会等多方资源的整合。多方联动，为课程稳步实施保驾护航。

（1）构建"日新课堂"，延伸学科课程。

翰墨丹青、剪纸、高尔夫、网球、斗牛舞……走进特色课堂的均是各界名师，让学生真正领略到专业的魅力，颠覆教师全科教学的落后观念。

特色课程的建设路径主要通过其与基础课程的有效整合来实现。书法与剪纸作为传统文化与品德课整合，聘请了广东书法协会主席和民间剪纸大师何氏剪纸传人授课，把最中国最精湛的传统文化艺术展现给孩子，让孩子们只上一节课，便深深爱上了书法与剪纸；坚持五年的每班每周一节足球课，带课的是前国家队及广东队主力队员，该课占用的是体育课时间；每学年上学期一、二年级的五节网球课与三至六年级的五节高尔夫球课，采取的是双师制，除了体育教师，外聘的是专业的业界非常有名气的网球及高尔夫球教练；请入国画大师，在美术课堂教授国画，大师出神入化的技艺深入浅出，一节课便教会二年级学生画栩栩如生的斗牛；本学期，学校聘请舞蹈家段丹教师教授拉丁舞斗牛舞……"让孩子经历一百个世界"课程理念的落实，不断丰富着课程的内涵。

新小所有特色课程均普及每一个孩子。课程成为可延伸的触角，链接生活、链接文化及一切可能的要素。

日新课堂的特征突出表现为：教学目标的丰满、教学内容的生成、教学过程的自由、教学方法的灵动、教学评价的多彩以及教学文化的超越。

（2）搭建"日新舞台"，推进活动课程。

在课程实施过程中，学校根植学校、地域历史文化，为孩子搭建"日新舞台"，努力引导学生在活动中，学真知、做真人、长真才。

社团活动、校园节日、校园赛事、团队活动、国际交流等多渠道的载体，如体育节、足球节、合唱节、科技节、"妙笔生花"、科幻画等，活跃了活动体验课程的实施。

6. 学校课程管理

学校课程建设需要"自上而下"的整体规划，也需要"自下而上"的实践创新。深度聚焦课程的变革过程中，重视并发掘教师的教育智慧与团队合作能力，关注价值引领并成立主题课程统整小组、校园文化建设小组、特色学科建设小组等，通过专家引领、对话共生、文化浸润、完善制度等途径构建与落实日新课程。最终促使学校课程发展呈现鸟巢状，以多维联动的课程体系为标志，将课程、教学、评价、管理、师生发展融为一体，推进学校的可持续发展。

六、让特色文化在个性化项目中深化与延伸

着眼于特色项目的深化与延伸，学校充分利用外部资源优势，联动社会及家长等多方面，定期开展了各项常规性的活动。丰富多彩的教学实践，凸显出"日新教育"的办学特色。浓浓书香充满校园，美行礼仪在学生中蔚然成风。

(一) 阳光足球

学校把足球引入课堂，纳入课程。从2011年开始，每班每周开设一节足球课。男子、女子班际足球联赛的开展更是在校园中掀起持久的足球热潮。2011~2017年，学校已成功举办七届足球文化节。每一届都引来中国体育报、足球报、广州日报等媒体的竞相报道。

省德育课题"足球进校园，促少年阳光品格的策略研究"已结题。

让足球跨越国界，将带给学校全新的体验。2017年1月，挪威青少年世界杯的主办方委派挪威的国会议员Mr. Thore Vestby到新港小学考察。2017年暑假，我校的男女足球队将代表中国参加挪威青少年世界杯，赴挪威和全球五十多个国家的青少年足球队一起竞技。

(二) 国际友好学校交流活动

学校先后与英国、瑞典、挪威等多个国家开展了多次的国际交流活动，在交流互动中彼此思维、文化发生碰撞，是视角不断开拓的过程，同时也是学校特色的拓展延伸过程。

目前，新港小学与迈欧克小学已缔结为友好学校。2016年暑假，20位教师和学生受邀到英国迈欧克小学进行为期两周的教育文化交流。2017年2月，英国霍夫市金石小学Louise教师在新小跟岗交流一周。3月，我校两位教师赴英国迈欧克小学进行为期两周的交流。7月直至今后，两校之间都将互派师生交流访问。良好的互动，彼此在办学模式、教育理念、教学方式上互相启发，受益匪浅。

(三) 精品阅读

国际视野下的精品阅读，以"精"引领阅读的海量，以"品"实现阅读的纵深，以"共读"实现阅读古今中外的经典书篇的开放化，着力构建学生阅读的自主性，实现中外经典的融合。在深入了解不同年龄段学生对经典书目阅读需求的基础上，精选融会贯通，以大语文和大文化的视野提升我校师生素养及校园文化。课题"国际视野下精品阅读深入推广的策略"已申报黄埔区教育科学规划课题并立项。

（四）爸爸进课堂——让特色文化辐射每一位新小人

在充分利用爸爸的兴趣、专业优势的基础上开展活动，邀请爸爸们走进课堂为孩子们上课，综合调动了社会、家庭、学校、班集体、学生等多方面的积极因素，让学校和家庭教育紧密融合在一起。

以家长学校为主平台，学校努力拓宽家校沟通渠道，不断延伸着日新教育的辐射面。以"日新"为主题的家长学校得到了社会和家长的高度认可，2017年，被评为广州市示范家长学校。

（五）名家进校园

学校先后邀请了中国国家画院副院长刘法禄教授，中国动物小说之王、中国作家协会理事沈石溪先生，台湾著名儿童作家林哲章和管家琪教师等，为师生、家长做主题讲座。"名家进校园"活动，并不仅仅局限于阅读方面，同样助力深刻的国旗教育，为生命着色。

在特色文化的深化过程中，活动的辐射面将更深更广，让师生在领略名家风采、感受道德文化熏陶的同时实现"日新"。

被认定为广州市特色学校，是一个起点，更是一次机遇。旭日东升，逐日行远。学校将继续以学校特色创建为契机，以文化为指导，在办学中实践，深化学校特色建设，实现学校内涵发展。

关于打造和谐教师团队的几点感性思考

广州市黄埔区新港小学　温丽珍

一个好校长未必能办一所好学校,但是一个好校长带领一个和谐的团队,一定能办一所好学校。无论在怎样的学校,和谐教师团队建设都会成为发展中的每所学校不容忽视的一个环节,如何构建教师团队的和谐,如何持续地激发教师的工作热情,应该成为每位校长的思考课题。

一、关于团队成员的猜想

(一)校长与教师的关系

一个和谐的团队,首先有必要研究的是领导者与被领导者的和谐,在研究打造学校和谐教师团队之前,就更有必要先探讨校长与教师的关系。

1. 领导者与被领导者

这是行政意义上的上级与下级关系。

2. 引领者与被引领者

这是学校在前进路途中所体现的引领关系。

3. 战略合作伙伴

这是学校发展中所展现的不可缺少的协助关系。

当然,除此之外,还有更多的比喻。

(二)校长期望拥有一个怎样的团队

首先分享一个蓝花瓶的故事。

在美国有位退伍军人,他在战场上负了伤,当他回到故乡的时候,年龄已经比较大了,再加上负伤,成了一名残疾的退伍军人。所以找工作变得非常不容易，很多单位都拒绝了他，而每一次他都迈着坚定的步伐，继续寻找可能的机会。最终，他感动了一位副总裁，真的就找到了一份工作。那是一份什么样的工作呢？那是在美国中部的一个烂摊子。第二天，他就奔赴那个市场，几个月之后，他在美国中部挽回了公司在那里的形象，捋顺了客户的关系，并且清欠了几乎所有的欠款。

一个周末的下午，董事长对他说："我这个周末要出去办一点事情，我的妹妹在犹他州结婚，我要去参加她的婚礼。麻烦你帮我买一件礼物。这个礼物是在一个礼品店里，非常漂亮的橱窗里面有一只蓝色的花瓶。"他描述了之后，就把那个写有地址的卡片交给了那名退伍军人。

但是，地址是错的，董事长关了手机，军人找了五条街终于找到那家店，但是商店关门了，商店老板在度假，军人费尽周折，终于买到了蓝色花瓶，董事长乘的火车已经走了，于是，军人排除万难地借直升机飞到火车开往的下一站，把花瓶交给董事长。

这其实是一个考验的过程，所有的难题都是预设的，最后这名军人被正式任命为该公司远东地区的总裁。

相信，这也是我们期待的下属吧！作为校长，我们都希望自己团队的教师具有高效的执行力，具有厚实的专业素养，具有锐意进取的精神，具有团结协助的能力，具有一切我们想到或是想不到的能力。

（三）教师更期待一个怎样的校长

教师们心中所期待的校长，应该是有思想、有追求、有涵养、有气度，当然还有更多我们自己也想象不到的良好的品质。

（四）事实上，我们的团队是怎样的组合呢

（1）不完美的我加上不完美的你。

（2）不完美的校长加上不完美的教师。

（3）不完美的引领者加上不完美的被引领者。

……

但是，生活总归是美好的，只要你懂得停下来欣赏！所以，作为一名校长，只要你懂得欣赏自己的学生与教师，那么你的学校必然处处充满自信与和谐！

二、关于和谐团队的猜想

一个团队，需要信任，需要默契，需要自信，需要智慧，需要包容，需要理解，需要互助，需要……

一个卓越的团队，更需要质疑的声音，更需要监督的力量，更需要承担的勇气……

所以，我们需要达成这样的共识：珍惜人生中的每一次的偶然相逢，一个团队，你便是我，我便是你！因为有缘，我们相聚一方；因为信任，我们众志成城；因为默契，我们团结一心；因为自信，我们无坚不摧；因为智慧，我们战无不胜！更因为质疑的声音，你我更完美；更因为监督的力量，我们走得更远；更因为承担的勇气，我们迈得更高！

三、一个和谐的团队的追求猜想

世界冠军林丹的自传为《直到世界的尽头》，这个书名让人有无限的遐想，世界的尽头在何处？天之涯？海之角？云之端？红枫白桦小溪，碧草羊群骏马，彩虹蓝天云裳，帆船海浪灯塔，梦想的方向就是路的方向，林丹追寻的世界尽头就是梦想的象牙塔，因为一直在追寻的路上，所以他是超级丹。

一个和谐的团队也需要有追求的梦想！

一个卓越的团队，不单只是集中智慧，更重要的是发掘每一个队员的潜能！一个卓越的团队，要教会自己的队员集别人所长成就自己的成功。一个卓越的团队，要让每一个队员在团结一心的力量中努力完成团队共同目标，同时又能实现个人的理想追求。换而言之，当一所学校成为一所名校，校长成为名校长之时，这个优秀团队的教师亦已应该成长为名师！打造和谐教师团队需要的是：我们有共同的信仰，共同的追求，你的事业也是我的事业，更是大家的事业！一个真正的有作为的校长，应该在成就了学校、成就了教师、成就了学生的同时顺便成就了自己。

四、一个持久和谐团队的猜想

只有对事业的热爱是不能打造一个持久的和谐团队的！一个拥有工作热情的人能把工作干好，但未必能把一辈子的工作干好，因为你不可能一辈子拥有这样的激情；但是一个热爱生活的人，懂得欣赏生活的人，他一定能一直拥有生活的热情与激情！

我一直很欣赏这样一句话："如痴工作，如诗生活！"这是黄埔区少年宫郑小红主任与少年宫教师分享的一个人生核心价值观。刚开始，我认为这只是一种理想状态罢了，后来，我发现，"幸福地工作，幸福地生活"这句话一点都不矛盾。一个热爱生活的人必定是一个热爱工作的人，因为生命中充满阳光，所以，他心中的阳光会撒给别人，他的快乐也会与人分享。当一个人懂得追求生活的品质时，他会对工作上的追求无动于衷吗？试想，如果你的教师因为埋头工作而耽误了婚姻大事或耽误了孩子，他是不是会在未来的日子里带着怨气工作呢？

所以，我认为打造和谐团队的关键就是让我们和教师都热爱我们共同的事业，更热爱属于自己的幸福生活！

作为一名行走在追寻卓越之路上的校长，我们要有做教育的底气，要做接地气的教育，更要做出教育的大气！

底气、地气、大气，优秀校长的共同特质

——东北三省游学总结报告

广州市黄埔区新港小学　温丽珍

七天游学，六所学校，精彩纷呈，各有亮点，虽非全部名校，但收获是满满的，感动于他们对教育的执着、细腻与魄力，感叹于他们教育的底气、地气与大气。

一、领略六门风采，思成长之底气

百年老校沈阳市沈河区朝阳街第一小学始建于1905年，坐落于沈阳繁华商业街（中街）的南面，毗邻张氏帅府。该校坚持内涵发展、科学规划，定位办学理念为"用心打造活力教育，让师生快乐生活每一天"，办学特色为"以《朝阳学子成长教育计划》为载体，以科技和读书为双翼，用心打造活力教育，构建活力校园，培养活力师生"，并确定以"读书文化年""体育文化年"和"科技文化年"等活动作为《朝阳学子成长教育计划》的三大支撑点，与"学校凝聚力工程""教师智慧修炼工程"等一道共同承载起科学发展的重任。

沈河区文艺二校教育集团于2011年9月正式成立，是一个有着丰厚的教育教学资源的教育集团，集团按紧密型和松散型两种管理模式运作。我们走进的是沈阳市沈河区文艺路第二小学教育集团（总校部），学校一校四址，除总校部外，还有行知、顺通、东都三个校部。校训：责任。办学理念：责任至上。

长春东四小学始建于1943年，是长春市首批办学体制改革试点校，该校提出了"文化立校、内涵发展"的办学理念，确立了"让每一位学生都收获希

望"的办学目标，形成了以激发智力、激活智能、激励智慧为目标的"激智教育"办学特色。学校率先建立了全市第一个校园信息网，先后成立了长春市少年交警学校和东四小学鹰博射击业余训练基地校，逐渐形成了"班班有特色，人人有特长"的育人目标，学生们的个性得到了充分发展。该校是吉林省艺术教育示范校，我们观摩学校民乐团展演《彩云追月》和《喜洋洋》。民乐是学校艺术教育的重点特色，普及率达70%。学校开展"四位一体"（备课、说课、上课、评课）校本研训。以该校为龙头核心的东四大学区，以"同课多轮"为教研方式，以大学区教研团队"课堂观察"为呈现方式，以"课堂量表"为评课方式。

长春市第二实验小学校，建于1935年，一校三址，也是集团化办学。办学理念：生动活泼，全面发展。校训：乐学明礼。该校鲜明的五大文化亮点：

（1）全面均衡的课程文化，语文、数学、英语、书法都有自编的校本教材，特别是《现代小学数学》沿用了二十多年。

（2）生动求实的科研文化，"注音识字，提前读写"实验教材编写校。

（3）经典厚重的环境文化，主校区——传统文化，净月校区——现代文化，通达校区——开放文化，学校主色调：白、黄、蓝、灰，寓意美好、包容、睿智、慈爱。

（4）丰富创新的活动文化，每年的秋季开学礼，由毕业生牵引新生进校，邀请毕业生家长、新生家长参加家长开放日活动、经典诵读活动、体育节活动。

（5）科学人文的管理文化，让教师们参与学校发展愿景的讨论规划，确立共同的发展目标。

哈尔滨香滨小学以教育理念为指导，办学理念：教学生五年，为学生想五十年，为国家民族想五百年。学校的发展目标：办优质教育，打造精品学校。学生的发展目标：学会学习、学会生存、学会健体。教师的发展目标：敬业、乐学、善教。以办学特色为核心，把教育信息化带动学校现代化发展学校的发展具体落实到教师的发展和学生的发展上，即用教育信息化引领教师专业发展，用教育信息化促进学生综合素质的全面提升。

哈尔滨东风小学"始于创造，止于至善"，凝练以"创新实践"为特色的学校文化引人注目，学校在校园文化建设上独具匠心，通过"东风TV"的网络文化及社会实践活动，以"红色文化——革命传统教育激励人、金色文化——丰富的特色活动教育人、蓝色文化——特色校本研修培养人、绿色文化——优良的育人环境影响人"的多彩校园文化为教育载体，使人文教育更具思想性、艺术性、实效性。多年来，学校十分重视教师的专业化成长，本着立足"校本"、着眼"实效"、突出"特色"的目的，把教师综合素质培训与课堂教学实践紧密结合，培养出省市区骨干教师若干人。学校以岗位大练兵为途径，实现多彩校园文化、现代信息技术与新课程接轨的发展目标，凸显"细雨泽桃李，文化润东风"的办学风格。高质量、高水平地全面普及九年义务教育。

相信这六所学校在今后都会有长足的发展，因为他们有发展的底气——紧跟时代脉搏的办学思想，沈河区朝阳街第一小学是"活力教育"；沈河区文艺二校教育集团的发展底气是"责任至上"；长春东四小学的发展底气是"个性张扬"；长春市第二实验小学校"生动活泼，个性发展"和学校的五大文化；哈尔滨香滨小学的发展底气是"五百年的教育"；哈尔滨东风小学的发展底气是"始于创造，止于至善"。校长是学校的引领人，我们引领的底气就在于办学思想能够为学校的发展拨开迷雾，指点迷津。

二、比较六门特色，思发展之地气

学生是学校的主人，学校的一切发展全部围绕学生的成长开展。特色打造，亦是以学生的成长为目的，学校的特色是否具有生命力，关键在于它的特色是否贴近地气，是否符合学生的成长规律，是否适合学生，是否是学生的内需。

沈河区朝阳街第一小学数百人的绳操，数百人的鼓操，场面震撼！沈河区文艺二校教育集团校园如家园，温馨儒雅，让你沉醉其中！长春东四小学人人会说拉弹唱，技艺非凡！长春市第二实验小学快乐运动，无处不在，让你感受到生命的魅力！哈尔滨香滨小学与时俱进，通过现代信息技术让学生畅游知识海洋，随心所欲地搜，酣畅淋漓地读，时刻感受到学习的快乐！哈尔滨东风小学打造教育的童话世界，使学校充满游戏与欢乐、充满探险与探究、充满合作与尊重……成为师生健康成长的乐园。

教是为了不教，不教又是一种怎样的境界呢？做教育是为了教学生做人做事，学生的成长是学校努力的主要方向。作为教育人，我经常会面对来自各方的质疑，素质教育与应试教育的硝烟从未消停，我只能努力解释，教育的公平是社会和谐的基石，所以高考选拔制度不会改变，我作为教育人，正在努力地寻找二者之间的平衡点。不可否认的是，我们教育界的确仍然存在许多的伪教育，作秀无处不在，试问，没有生命力的教育有秀的价值吗？如果你的学生喜欢早早来到学校，如果你的学生总喜欢滞留学校玩耍，如果你的学生毕业后还喜欢回来看看，那么，你的教育肯定是有地气、成功的。学校之于学生，是自由的呼吸，让我们做孩子喜欢的教育吧！

三、比较六门理念，思成功之大气

沈河区朝阳街第一小学提出"教使向善、育使丰盈"这样一个值得我们细细品味的理念。我一直在猜想，这是一个怎样的校长，有如此之气魄？哈尔滨香滨小学主张"合"文化，提倡"顺合、整合、聚合、融合"。从这样的一个文化理念，我们就能很好地理解他们为什么敢提：为学生发展想五十年，为国家民族想五百年。沈河区文艺二校教育集团"责任"二字，足以让学生明白，我们为什么要背负起个人、家庭、民族之重任。长春东四小学"文化立校、内涵发展"的办学理念，确立了"让每一位学生都收获希望"的办学目标，长春市第二实验小学"生动活泼，全面发展"，让我们感受到"中国式的全纳教育"。哈尔滨东风小学"始于创造，止于至善"，让我们感受到现代理念与古代文明碰撞的火花。

俗话说，人无远虑必有近忧。生活如此，事业亦是如此。办学的大气决定了人才观。钱学森之问足以让所有的教育人汗颜，我们要做的是对民族的未来负责的教育，做一个有良心的教育人、有教育远见的大气校长，对学生的终身健康与发展负责，我们才能做出真正有生命力的教育。

游学之行，改变的是对校长各种魅力的膜拜与模仿，坚定的是要做一个有底气、有地气、有大气校长的信念。

平顺而巧妙地从起点到达终点

——阅读教学内容的选择与教学环节的组织

广州市黄埔区新港小学　程雄芳

语文这门学科，一直都以阅读课程为核心，听说读写训练渗透穿插在阅读教学当中。我们每天都在开展的阅读教学涉及很多的因素：课程标准、教材、学生、评价等，但就课堂教学而言，核心的要素应该是教学内容和教学环节的组织。合宜的教学内容和有效的教学方法的运用成了阅读教学的两个核心。两者之中，教学内容居于首位，教学内容决定着教学方法的选择，教学组织服务于教学内容。

学习阅读，实质是学习如何理解语篇，即如何与文本对话。阅读的主体是学生，阅读的对象是一篇一篇的课文。阅读，就是一个学生阅读一篇课文，产生自己的理解与感受。理解是阅读的核心，理解有不同的状态和水平，阅读教学就是要促进学生学习前后理解水平的发展。

学生读一篇课文后产生了自己的理解和感受，这篇课文为什么还要拿到课堂上来学呢？那是因为，学生凭着他们原有的生活经验和阅读能力来理解课文，不足以达到理解的目的。他们不能与文本所要传递的各式各样的认识和情感实现对接，不明白应该看哪些地方，应该看出什么来。

学生与文本之间形成的落差，也就确定了阅读教学的起点和终点。因而，一篇课文我们究竟要教什么，一要看课文有什么，二要问在课文里学生最需要学习的是什么。

我们常常说"授之以鱼，不如授之以渔"，那么面对不同的鱼，就要有不同的网。

一、依据文本，定好阅读教学的终点

课文是培养学生语文素养的载体，这些文章只是浩如烟海的语文体系中的一瓢水。备课时只见树木，不见森林，是鼠目寸光；只见森林，不见树木，则虚无缥缈。以一粟之学游沧海之语，这才是阅读教学的方向。

例如《穷人》这种教材中的传统课文，应该教什么？小说最基本的层面就是故事。故事突出的是时间关系，情节突出的是因果关系。故事中桑娜的内心矛盾为主要线索，围绕收养西蒙的两个孩子这件事设置了两个悬念：渔夫能不能平安归来，渔夫是否同意收养孤儿。这构成了小说的内在张力，显示出作者高超的艺术技巧。我们的教学内容该有追问故事情节，概括故事的主要内容。

这篇文章的环境描写就像一面镜子，映照出桑娜起伏变化的内心。因而，借助交错对比的环境描写，探究桑娜起伏变化的内心应该成为第二个教学的内容。

读小说不得不读人物，塑造人物、刻画人物性格是小说叙事的中心。《穷人》这篇文章有多方面的心理刻画，十几处使用省略号，把桑娜的担心、矛盾、后悔等反反复复的心理斗争写活了。文章中还有很多对话描写，桑娜与丈夫的一段对话，把故事推向高潮，同时也恰到好处地戛然而止。因此，借助杂乱无序的心理描写，探索桑娜矛盾而坚定的内心活动理应成为第三个教学内容。

课堂时间有限，面对文本所提供的教材内容，教师需要对教材做"二度开发"，选取本册本单元训练重点和最具有价值的教学内容指导学生学习阅读，阅读教学之舟才能轻装前进。

二、顺应学情，找准阅读教学的起点

一篇篇的课文，本身就有背景、主题、内容、情感，理所应当读懂，然而这不是教学的全部，否则就成了学生为"课文"服务，而非"课文"为学生服务。对每一篇课文的理解、表达是作者、编者与教师、学生共创的。这里既有共性与同感，也有异议与独特感受，甚至对教材拓展延伸，这都是正常的教学现象。所以，我们都知道备课要备两头，一是备教材，二是备学生。

一篇课文教什么？从文本的角度说，就是要教学生去理解和感受文章最要紧的地方。而从学生的角度，"知识不能凭空得到，习惯不能凭空养成，必须有所凭借。那凭借就是国文教本。"叶圣陶先生的这一段话给了我们启示：备学生就是要想着让学生从不懂到懂，从不喜欢到喜欢，从读不好到读好。

我们看到许多特级教师的课堂，从学生读起来可能有困难的地方开始"导"，从学生看了几遍都看不出来的地方开始"点"。可见，阅读教学的内容并不是由外在的什么人来决定，而要求教师做专业的分析，找准教学的两头：课文最要紧的地方，学生阅读时存在最大问题和困难的地方。

确定了阅读教学的起点与终点，就要架起两地的桥梁。

三、艺术性地设计教学过程

在课程标准中对阅读的描述，核心是不应该以教师的分析来代替学生的阅读实践。什么叫实践？就是学生自己要读，自己要想，自己要分析，自己要理解，自己要体验，所有的这些都要由学生自己去完成。当然他可能体验不深，感悟不透。

教师的作用是什么？教师的作用是让学生在主动积极地思维和体会情感时有所感悟和思考，受到情感熏陶，获得思想启迪，获得审美乐趣，这是我们教师的任务。因此，教学设计的主体是教师，但课堂活动的主体是学生。教学活动的设计，不是设计教师做什么，主要是设计学生做什么。

判断教学的对与错，就要看一节课结束后，学生理解不了的地方是否理解了，感受不到的地方是否感受到了。

依据文本特点和具体学情，精准确定教学指向，制订清晰的教学目标，选择合宜的教学内容。不同指向的阅读课，教学策略也往往不同。

◆· 指向阅读的阅读课 ·◆

指向阅读的阅读课，要让学生亲历阅读过程，引导学生在阅读实践中领悟阅读的策略，发现阅读的规律，体验阅读的乐趣，提升阅读智能。例如，有教师对《别饿坏了那匹马》《唯一的听众》进行比较阅读时，先让学生进行比较阅读，梳理课文内容，发现相同之处。教师紧接着问：回想一下，你在阅读《别饿坏了那匹马》的过程中是否觉察到一些蛛丝马迹，让你感到结果虽出人意料，却又在情理之中？让学生细读文本，发现伏笔，总结规律：小说创作中常常运用这样的写法，就是伏笔。最后，教师以《唯一的听众》引领学生迁移运用，感受伏笔的魅力，提升阅读理解能力。

◆· 指向表达的阅读课 ·◆

指向表达的阅读课，关注文本语言文字的积累、内化和运用，重视表达方法的学习、借鉴和迁移。这就要求教师敏锐地捕捉文本的表达秘妙，同时更要巧妙地创设贴合文本情景的表达语境，使表达成为学生的情感需求。例如，《慈母情深》一文，根据文本和学情，教学目标定为：领悟课文用"特写镜头"刻画人物、表达情感的写法；学习敏感地捕捉日常小事中的感人瞬间，尝试用"特写镜头"式的手法细腻描写。课堂上，教师先让学生找出课文中特别能表现"慈母情深"的特写镜头，细细品味。然后让学生围绕着"读着这些文字，你仿佛看到了怎样的画面？你的感受是什么？"展开交流。然后，教师以"我的父亲，也深沉地爱着我"引出下文片段进行分享。最后，让学生回放体现父母之爱的一件件小事，选取一个感动的瞬间写下来。

◆· 指向思维的阅读课 ·◆

指向思维的阅读课，能结合文本启发学生全面思考、多元思考，并结合言语实践提升思维的条理性、严密性及发散性。设计教学环节的时候，关键是要设计有挑战性的学习任务，启发学生思考，促使思维和语言的交互发展。例如，《鹿和狼的故事》一文，狼、鹿、森林三者之间的关系比较复杂。教师可以让学生运用数学课所学的统计图，理清三者间错综复杂的关系。借助图表，学生讲清楚故事的经过。接着，让学生据文推断，猜想当下的森林面貌。最后，学生一起探究总统决策的根源，引向生活。

阅读教学的指向还可以是文化的积淀、审美的需要、生活的应用等。无论是哪一个方面的指向，课堂教学中教学内容要聚焦和集中，一堂课里，核心的教学环节就应该只有两三个。

阅读教学，需要教师专业地把握两个方面：①把握文本特质和学情，准确定位课堂的终点和起点；②对课堂教学过程进行艺术性的设计，合理取舍，上出清晰、干净、集中的课。做到这两点，才能使学生平顺而巧妙地从起点到达终点。

参考文献

［1］中华人民共和国教育部.义务教育：语文课程标准［M］.北京：北京师范大学出版集团，2012.

［2］王荣生.阅读教学教什么［M］.上海：华东师范大学出版社，2016.

［3］雷凌.小学语文名师教学艺术［M］.上海：华东师范大学出版社，2009.

浅谈小学语文课堂教学中学生审美能力的培养

广州市黄埔区新港小学　沈真燕

义务教育《语文课程标准》（2011年版）提出：在语文学习过程中，培养爱国主义、集体主义、社会主义思想道德和健康的审美情趣，发展个性，培养创新精神和合作精神，逐步形成积极的人生态度和正确的世界观、价值观。由此可见，培养学生养成健康的审美情趣，已是小学语文教学中实现新课程的培养目标之一，这是基础教育的美育任务在新课程培养目标上的体现。小学语文是基础学科，小学语文教学内容包含着生动丰富的文字美，变化有致的结构美，尤其蕴涵着动人心魄的人物形象美。语文课堂教学的美更是教材与教师集中的艺术体现，是教师创造性劳动的美。它不仅可以促进学生身心健康地成长，而且还能让学生受到美的熏陶，促进学生智力的发展，提高学生的观察力、想象力、思维力和创造力，培养高尚的人格。为实现《语文课程标准》提出的培养学生养成健康的审美目标奠定坚实的基础。因此，教师在课堂教学中应充分发现美的因素，引导学生去品赏，养成健康的审美情趣，进而活跃课堂教学，激发学生的学习兴趣，提高教学质量。那么，如何在小学语文课堂教学中培养学生的审美能力呢？我是从以下六个方面尝试的。

一、把握课堂上的朗读、诵读，让学生体会韵律美

著名教育家叶圣陶称诵读为"美读"，他说："美读就是把作者的感情在读的时候传达出来。"这告诉我们诵读要美，重要的不是技巧，而是情感，是作者与读者心灵相通。通过诵读、朗读不仅能使学生体会语言文字的韵律美，同时把语言文字化作鲜明的视觉形象再现在学生面前，唤起学生的想象，激

发学生情感中真、善、美的因素，让学生与作者、与文章产生共鸣，情感得到美的感召和升华。例如，教《黄继光》一课，我先范读，因为范读浓缩了我个人的体会和独特感受，可以把课文准确的词语概念、修辞手段、感人的细节描写、优美的韵律节奏充分地表现出来，给学生具体的启迪。这样做，不但辅助了讲解，而且起到美育的作用。然后再让学生有感情地反复朗读第三至十一自然段，体会黄继光在紧急关头挺身而出、主动请战，顽强坚持战斗、壮烈牺牲的大无畏的英雄气概和爱国主义、国际主义的精神。通过朗读，黄继光那临危不惧、坚强的堵住敌人的枪口的美的光辉形象浮现在读者面前，从而唤起学生爱国、报国的美好愿望，也使学生感到真正的美的英雄形象的力量。

实践证明，学生在抑扬顿挫、高低起伏的朗读中，领会了文章的思想内涵和表达技巧，同时又体会到课文的情感美，享受到节奏美，受到美的熏陶。

二、放飞审美想象，训练学生表达美、创造美

想象是人脑对客观事物内部和外部复杂而又系统的反映，儿童的想象力量是相当丰富的，教师要充分调动学生的积极性，运用想象来再现、创造、表达教学中所塑造的人物形象，所描绘的自然景观及生活场景，从而培养学生的审美想象，产生"寂然凝虑，思接千载，悄焉动容，视通万里"的效果。例如，学习《风筝》一课时，学生通过品词析句和感情朗读，了解了天空中的风筝具有颜色美、样子（品种）多，动态各异的特点。在此基础上进一步引导学生想象：天空中除了作者介绍的风筝外，还有哪些风筝呢？它们的颜色、样子、形态如何呢？这问题一抛出，学生们纷纷举手。看他们的神情，对此问题显然是胸有成竹。原来，他（她）们在理解课文中描写天空那些形态各异的风筝以及受到课文内容启发的基础上，是这样描述天空中那些随风飘荡的风筝的：有的说，"那洁白的'仙鹤'，张开双臂，在云朵上翩翩起舞，多么高雅迷人"；有的说，"那小巧玲珑的'鹦鹉'，披着一身翠绿的衣裳，嘴巴一张一合的，正热烈欢迎春姑娘的到来"；还有的说，"那活泼可爱的'燕子'也从南方赶来了，加入了这'风筝'盛会，它黑色的剪刀似的尾巴，剪得桃花红，剪得柳叶绿，剪出了春天的美好风光"……就这样，学生们展开丰富的想象，结合自

己生活中的经验，从模仿到创造，更丰富了课文的内容，使他们内心中美的情感自然地流露和表达，从而达到了美育的目的。

三、巧用教学机智，让课堂充满幽默美

教学机智是教师的教学观念、教学艺术与教学中各种偶发思索的巧妙结合，而幽默的教学机智往往可以活跃整个课堂。苏联教育家维特洛夫这样说过："教育家最主要的，也是第一位的助手就是幽默。"例如，著名特级教师于永正教《小稻苗脱险记》一课。文中讲到杂草被喷雾器大夫用除草剂喷洒过后说："完了，我们都喘不过气来了。"有一位学生读这一句话时，声音很响亮，于教师笑了笑说："要么你的抗药性强，要么这除草剂是假冒产品，我再给你喷洒点。"这话一出，同学们都笑了。该同学也会心地耷拉着脑袋有气无力地读了起来。在此，我们不难看出，这一招显然要比直接告诉学生怎样读要高明得多。它不仅活跃了课堂氛围，让学生感受到语言的准确美，同时也让学生享受到了教学机智的幽默美。

四、课堂教学手段现代化，让学生充分感受直观、形象美

在小学语文教学中，有条件的话，可运用现代化手段进行审美教育，这样可以达到事半功倍的效果，通过声音、图像把课文中所描绘的形象生动、直观地再现在学生面前，使学生可以直接用感官去感知，能加深情感的体验。例如，教《海底世界》一文，运用多媒体辅助教学，让学生亲眼看到"海面上波涛澎湃的时候，海底依然十分宁静"；看到"阳光照不到海底……五百米以下就全黑了……都有许多光点像闪烁的星星……"的奇妙景象。让学生亲耳听到"海底动物在窃窃私语，有的像蜜蜂一样嗡嗡，有的像小鸟一样啾啾，有的像小狗一样汪汪，还有的在打鼾。"这样，让学生直观、形象地感受到海底世界的美妙，不仅受到海底世界美的熏陶，还为理解课文，突破文中的学习重点、难点起到一定的帮助。

五、精心设计导语，激发学生的学习兴趣、感受愉悦美

人们都说：好的开端是成功的一半。因此，一堂课的开头非常重要。富有经验的教师很重视导语的设计。他们善于抓住学生的兴趣点，"投石激浪"，往往瞬间就能激发学生热情，引人入胜。同时，精妙的导语能够调节学生的心理，激发学生产生强烈的兴趣和美的体验，引导学生进入五彩缤纷的语文课堂。

心理学表明：愉悦的情绪对学习有着明显的优越性，它能引起和保持学习的兴趣，给大脑带来明晰的状态。因此，适当得体的导语不仅能消除学生的疲劳，集中学生的注意力，激发学生学习的兴趣，而且还能给学生一个和谐愉悦的心理体验，感受愉悦美。

导语可根据不同的内容和不同的文体来设计。它可以是一段风趣生动的语言，一个小故事，一幅优美宜人的画面，一段轻松明快的音乐，一个蕴涵哲理的问题，也可以是一个小小的活动。例如，在执教《趵突泉》时，我开篇设疑诱导：同学们，你们听说过趵突泉吗？见过趵突泉吗？想看看吗？接着，我展示趵突泉的有关图片，一边指着图片一边解说："你们看，趵突泉公园有金线泉、柳絮泉、漱玉泉等十几个泉口，他们和周围的建筑构成一道亮丽的风景线，每天都吸引着许多中外游客。那么，趵突泉是凭什么吸引游客的呢？答案就在课文中，请大家仔细阅读课文，看谁先找到答案。"这样的导语巧设悬念，为学生进一步体验教材中景物的美起到了铺垫的作用。它强烈地吸引学生，调动自身的情感因素积极主动地参与审美教学活动，从而获得美的体验。

六、教学内容要主次分明、注意疏密

小学语文课堂教学传授的信息要有疏有密，时间的分配要有多有少，这样就会造成一种疏密相间、错落有致的变化，这种变化使学生产生精神的愉悦美感。面面俱到，胡子眉毛一把抓，既分散了学生最佳的注意时间，使感知强度减弱，造成浮光掠影，浅薄表面，又使学生兴趣索然，直接影响教学效果。如在教学《小珊迪》一文，由于文章文字浅显，教师没有必要在帮助学生理解内

容上花大量时间,可抓住重点句讨论。针对《小珊迪》一文,可抓住以下句子讨论:"但是我想到孩子那诚恳的面容,想到他使人信任的神情,我断定他不是那种人。""那种人"指什么人?"我"为什么断定他不是那种人?"我会永远照顾小利比的。""我"为什么要永远照顾小利比?这样着眼于整体、抓住重点词句进行思维辐射,做到主次分明,疏密有间,显然比逐段讲解分析要科学。又如教《高大的皂荚树》一文,这篇课文是抓住皂荚树的特点以及它给同学们带来的方便进行描写,歌颂它那种舍己为人、无私奉献的精神。文中有重点语句、段落,教师可抓住这些句子细细品味,皂荚树的样子是怎样的?它的特点如何?作者写它的目的是什么呢?通过这一系列的问题的解决,学生很快就能理解课文内容,领悟作者的情感。在后面的学习中,教师就能很好地把握节奏,让学生更深刻地感受"皂荚树"这一形象的美。

法国艺术师罗丹说过:这个世界不是缺少美,而是缺少发现美的眼睛。纵观小学语文教材的内容,你会发现其蕴含的美是多方面的统一,这就需要我们去发现,根据不同的教材内容,采用不同形式的教学策略让学生受到美的感染,从而培养学生美的想象、激发美的发现,使学生在轻松的环境中养成健康的审美情趣,提高审美能力,促进学生素质的全面发展。

参考文献

[1] 中华人民共和国教育部.语文课程标准(2011年版)[M].北京:北京师范大学出版社,2012.

[2] 叶雪洁.浅谈小学语文教学中的美育因素及方法[J].中国科技信息,2005,(1).

[3] (南北朝)刘勰.文心雕龙·神思[M].上海:上海古籍出版社,2015.

[4] 于永正.教海漫记[M].北京:中国矿业大学出版社,1999.

[5] 林芳.浅议语文教学中美育因素的挖掘[J].江西教育科研,2002,(5).

从略读课文教学谈高效课堂的创建

广州市黄埔区新港小学　陈纯娜

小学语文的阅读教学模式有精读和略读之分,现行的人教版语文教材,略读课文的比例随着年级的升高而逐渐增加,在高年级教材中略读课文与精读课文几乎平分秋色,这样的编排方式足见略读课文在整个小学语文教学中的分量。但是,在实际的教学实践中,我们常常看到教师们对精读课文进行教学研讨、实践、反思。公开课或比赛课更是精读课文的天下,而略读课文,则经常被冷落在一旁。

一、略读课文教学的误区

教材编委对略读课文的重视与一线教师对略读课文的不重视形成了较大反差。纵观一线教师的教学现状,略读课文教学存在以下三个误区:

1. 视而不见

"略"指"简单、略微"。"略读"就是简单地读,略知大意。略读课文仅有开篇的引言,既没有识字、学词、读写的任务,又没有需要思考的问题,更没有相应要完成的作业,教与不教一下子也看不出明显痕迹。为了"充分利用"时间,有的教师产生了"忽略"略读课文的念头,任由学生自己读,将其挤出课堂,不予指导。然而存在就有道理,略读课文的存在,与精读课文一样有明确的教学指向,顾此失彼、厚此薄彼的做法都是对教材的叛离、对学生的渎职。

2. 蜻蜓点水

有的教师认为,教材中既然编排了略读课文,就得教;既然不在考试范围，就不应该重点教，从而出现"教而不教""读而未读"的若即若离型教学：对课文做简单、草率的处理，或者只要求学生背字词、文学常识；或者让学生抄下参考用书中答案及所谓的重点并背诵；或者干脆让学生读读了事，没有任何要求。表面上看，好像正符合"把课堂还给学生"的理念，课堂似乎成了学生的天下，教学也似乎更加民主与开放，似乎体现了略读课文的教学特色。其实学生读书只停留在初读阶段，他们并未真正理解文章价值和作者的写作意图，出现了"教而不教，读而未读"的低效或无效结果。

3."一刀切"

略读课文无论从内容还是语言上看，篇篇文质兼美，深受学生的喜欢，教师也难以割舍。有些教师不理解教材的编排意图，对两类课文的辩证关系认识含混，出现不分主次，每篇必讲，平均使用力量，教学方式"一刀切"的现象：词句品析、朗读感悟、积累运用、人文熏陶……面面俱到，精雕细琢。这样教学，教师千方百计挤时间，匆匆忙忙赶进度，学生则完全在教师的带领下学习，失去独立阅读和思考的机会。长此以往，不仅会造成课时不够，而且不利于学生阅读方法的迁移和独立阅读能力的培养。

二、略读课文教学的指导策略

针对以上教学误区，究其原因，是教师们对于略读课文的定位还不够明确。沈大安教师说："略读课文教学，略的是教师的教，不能略的是学生的学。略读只是简'略'了教师的讲，并不能'略'掉学生的读。"由此可见，略读课文的教学设计应让学生有足够的自主阅读时间和空间，教师指导不宜过细过精，要让学生把在精读课上习得的阅读方法加以迁移运用，还应该有更多交流自己读书心得的机会。略读课文的教学设计应以大版块、大框架为主，避免精读课文的线性设计。一篇文章的阅读，无非让学生弄清楚四个问题：

（1）文章的主要内容是什么？这是阅读最基本的要求，能知道作者写了些什么。学生如果弄不清这个问题，那么就需要重读文章，这个问题讲不清楚，是没有办法深入解读的。

（2）作者的写作目的是什么？在讲清楚文章主要内容的基础上，要能从字里行间理解作者的喜恶，感受作者对事物的褒贬，进而理解作者的思想感情。

（3）作者是通过何种手段来达到写作目的的？这个问题的设置，就涉及作者在写作中运用到的好词好句、修辞手法和写作艺术等。阅读教学中，很多教师在讲解中都会提到作者哪些词语句子用得好，于是孩子们拼命寻找运用修辞手法的句子，可你问他为什么觉得好时，他也只能告诉你，因为运用了修辞手法。学生机械式地寻找修辞句，在写作中，为了运用好词好句，将修辞手法简单机械地堆砌，这种现象的出现，就是因为孩子们没有认识到：真正的好词好句，是为作者的写作目的服务的。只有能够更好地表达作者写作目的的词句，才能称为好词好句。

（4）你怎么评价这篇文章？当学生能够讲清上面三个问题以后，最后一个问题，就是落实到学生自己身上来。学生对文章的评价，可以从写作手法、思想感情、社会影响上来讲，我们也能从学生的评价上，窥见他们对文章的理解程度，以及学生个人对同一现象的不同看法。

在有了这样一个大框架的指导以后，可以放手让学生进行自主阅读，锻炼学生的阅读能力，实现对精读课文中习得的阅读技巧的迁移。下面以人教版五年级下的《金色的鱼钩》为例浅淡略该课文的教学。

《金色的鱼钩》讲述的是红军长征途中，一个炊事班长为照顾两个小红军，甘愿牺牲自己，将小红军送出草地的感人故事。赞扬了炊事班长那金色的精神品质。文章篇幅较长，又是略读课文，语言朴实易懂，情感感人至深。很多教师对此无从下手：教浅了，容易沦为自读课文，没有给学生适当的阅读指导；教深了，又容易讲太多，变成了教师自己的解读。

在实际教学中，我们首先要给学生充分的自读时间和空间，让他们在自读的基础上了解文章大意，在全文中提炼有价值的信息。紧接着，从他的阅读感受中，理清作者写作的情感。文章中对老班长的描述，处处透露着敬仰和同情，如"老班长虽然瘦得只剩皮包骨，眼睛深深的陷下去还一直用饱满的情绪鼓励着我们。""见到指导员，告诉他，我没完成党交给我的任务，没把你们照顾好，看你们都瘦得……"让学生在充分阅读的基础上，从文中的词句，感受作者的写作目的，感受人物形象的魅力，从而对文章有更深入细致的感受。

最后，学生在评价文章的时候，谈到老班长的形象时，他们或高声赞美，或扼腕叹息，或深深同情，这些表现，都证明孩子们已经将文章读进去了。能够有理有据地评价一篇文章，那么本篇文章的阅读教学也算完成了。

叶圣陶先生认为："作者思有路，遵路识斯真。"作者在写作时都有一定的内在逻辑思路，这种思路就是所谓的"文路"。而学生在阅读中，应该是从整体开始感知的，读完一篇文章，首先是回忆这篇文章讲了什么，从大到小，逐渐深入感受作者怎样遣词造句，在潜移默化中告诉我们他的想法。

三、略读课文的拓展延伸

略读课文的教学，另一个重要的目的在于拓宽学习语文的渠道，全面提高学生的语文素养。因此，在文本学习之余，实现学生自主搜集、整合信息与课堂教学延伸、综合性学习深度拓展的有机结合，有效地拓展延伸阅读把学生从小课堂引向大课堂，让学生带着兴趣去阅读学习会达到事半功倍的教学效果。

1. 应给学生的课外阅读指明广阔的空间

略读课文的设置，目的不仅仅是让学生学一篇文章，更重要的是，让学生在一篇文章中，窥见一个更大的世界。"大语文"理念下的课堂教学，在学完了文本之后并不意味着知识学习的结束，而是学生学习新知识的又一个开端。在文本学完后，可开展主题延伸阅读，让学生进一步了解与文本相关的课外知识，从而开拓学生的视野，提高学生的自学能力。

2.采取多种形式培养学生综合实践能力

（1）设计主题阅读的成果展。

围绕课文单元主题，以小组合作的形式，在组内开展拓展阅读，将各自收集到的信息进行整合，设计主题阅读成果展。成果展的形式可以多样，例如手抄报、黑板报、微电影等，学生在综合实践的过程中，也能有效加深对主题的认识和感悟。

（2）充分利用网络资源。

网络的超时空性，使课堂之间、课堂与生活之间的割据状况发生变化，在某种程度上打破了课堂和学校的围墙，使课内与课外、校内与校外、学校与家庭、学校与社会最大限度地实现无缝连接，也使学习环境出现了前所未有的拓展与重构。学生在拓展阅读中广泛搜集资料，网上网下的信息资源都成为学生阅读的对象。而同学之间的积极互动对话，又产生新生信息资源，形成信息资源的共同体。

因此，融合虚拟与现实学习情境的活动空间，也是实现拓展阅读教学的有效平台。学生通过学习平台，利用网络来传递声音、文本和图像等各种符号，以此来表达情感和传递信息，从而形成一个人际交流环境。

四、结语

小学语文略读课文教学有利于小学语文教学的发展，更有利于学生自主阅读能力的培养，加深学生对于语文知识的理解，丰富学生的语文知识储备，拓宽学生的知识面，培养学生多方面能力，体现出小学语文教学的积极作用。因此，上好略读课文，能有效推进高效课堂的创建。

新课标下，人性化之花更璀璨

——浅谈在教学中体现人性化的做法

广州市黄埔区新港小学　叶芸

新课标明确指出："语文课程的人文性，是指语文学习的过程，是人实现自我成长的过程，是激发人创造力与生命力的过程。尊重人，尊重具体的人的生命价值，尊重具体人的文化及其多样性，是语文课程应有之义。"由此可见，体现课程中的人性化是非常重要的。我在教学中特别注意体现人性化，我的做法是注重有意识地培养学生喜欢的情感，选取学生喜欢的内容，运用学生喜欢的方式，抓住学生喜欢的心理来体现语文这门课程的人性化，实现高效课堂。

一、培养学生喜欢的情感

俗话说："兴趣是最好的教师。"因此，让学生喜欢这一门课程，对它产生一定的情感是学好一门课程的前提。《语文课程标准》也指出："人文课程应培育学生热爱祖国的语言的思想感情。"教学中，我经常向学生介绍祖国的文字史，给他们讲有关故事，组织各种语文实践活动。

例如：我组织全班同学进行一次猜字谜比赛，全班分为四组，以抢答的形式争夺金牌。在这次比赛中，自始至终洋溢着热烈而愉快的气氛，同学们争先恐后地参与，将自己完全融入活动意境里。比赛结束后，同学们纷纷告诉我，他们在这次比赛中记住了很多字，而且觉得祖国的文字多么美妙，非常喜欢祖国的文字。

除了组织猜字谜比赛，我还组织了消灭错别字、脑筋急转弯、成语王国、朗诵比赛等活动。通过这些活动丰富他们语言的积累，培养他们的语感，发展他们的思维，让他们体验到掌握祖国语言文字的乐趣，并对其产生浓厚的兴趣，进而喜欢上祖国的语言文字，喜欢上语文这门课程。

二、选取学生喜欢的内容

《语文课程标准》指出："学生是学习和发展的主体，让学生在感兴趣的自主活动中全面提高语文素养。"教学中，我常常选取学生喜欢的感兴趣的内容，让学生积极主动地去学习，提高他们的语文素养，从而体现人性化。

例如：我在教学口语交际《我该怎么办》时，先指导学生看图，学生很快就把图上内容说出来了。然后，我问学生："小男孩怎么会走丢呢？"由于大多数学生有类似经历，所以，对这个话题都很喜欢，都乐于说，问题一提出，一双双小手如雨后春笋般纷纷举了起来。他们有的说小男孩看热闹去了；有的说他只顾盯热闹跟错了人，把别人当妈妈了；有的说他去追一条小狗；还有的说他去游乐场看别人玩去了……孩子们把各种可能发生的情况想象得淋漓尽致。

又如：在教学《黄山奇石》一课时，我让学生选择自己认为最美最喜欢的一段学习。待学生选定学习内容后，他们可以独立学习，也可以找伙伴学习。可以用熟读成诵的方法学习，也可以采用品词品句或图文对照等学习方法学习。待充分地自主学习后，我才组织学生交流、讨论。

三、运用学生喜欢的方式

《语文课程标准》指出："积极倡导自主、合作、探究的学习方式——这是达到语文教育目的的策略。"因为儿童是教育的主体，教学中，我放手让学生运用自己喜欢的方式进行自主学习。学生们喜欢的方式往往是易于接受的，而且多种多样，因人而异。

1. 方式乐于接受

方式一：读一读，背一背。语文课以读为主，以读代讲，因此朗读贯穿整个语文课程。在要求学生朗读时，我往往让学生选择自己喜欢的朗读方式，可以大声读，可以默读，可以几个伙伴一起读，还可以边走边读……让学生在读中感受，在读中体验，在读中理解。然后让学生选择自己喜欢的背书方式背一背。可以个别背，可以同桌背，可以小组合作背。这样，学生易于接受，乐于接受。

方式二：讲一讲，演一演。小学生因为天真活泼，好奇心强，从小就在爸爸妈妈讲的故事中长大，所以特别喜欢讲故事。在课堂上让他们讲故事时，都乐于接受。因此，上课时，我首先让学生在预习的基础上讲一讲课文的故事，然后让他们在理解课文的基础上演一演。

例如：《狼和小羊》是学生们喜欢的课文。我先让学生小组交流讲故事，然后共同推荐几名学生在讲台上讲故事。接着，我让学生分组合作担任课文中的角色进行绘声绘色的表演。一人扮演大灰狼，一人扮演小羊，一人旁白。让我忍俊不禁的是一位男同学为了把大灰狼表演得更加凶恶，他用纸折成十个"利爪"套在自己的十个手指上，他龇起牙，张开十只"利爪"，把大灰狼表演得栩栩如生。表演结束后，这位同学被同学们评为最佳小演员。

学生们都很乐于接受这些方式，这些方式使学生喜欢上语文这门学科。

2. 方式多种多样

"一千个读者，就有一千个哈姆雷特""世界上没有完全相同的两片树叶"。由于人人所处环境、经历、兴趣爱好等不同，所以也没有完全相同的两个人。因此在语文课上，教师安排各种各样的学生喜欢的方式是非常有必要的。例如：在学生喜闻乐见的情境中学习拼音，认识汉字；在连、涂、画、拼、摆等游戏中巩固知识，启迪心智，培养动手能力；在课后练习中，大量采用"我会读""我会写""我会说""我会画"等方式，让学生在多种多样的方式中兴趣盎然地学习。

3. 方法因人而异

《语文课程标准》指出："尊重学生的个性差异，鼓励学生选择适合自己的学习方式。"学生中有好动的，好静的，有合群的，也有孤僻的，存在着各种各样的个性差异，针对这些情况教师采用的方式也要因人而异。对于好动的学生教师应鼓励他们表现，给他们提供展示的舞台；对于好静的学生教师应给他们提供冷静思考的空间；对于合群的学生教师让他们自由合作；对于孤僻的学生教师允许他们用自己的方式表现。

四、抓住学生喜欢的心理

当学生对一种事物表现出特别喜欢的时候，教师应尽量让他们去表现。在一次口语交际课上，我结合大队部举行的一年级新生入队的活动，让学生说说自己的看法。许多学生认为佩戴红领巾是一件非常光荣的事情，都纷纷要求加入少先队，我对他们提出一个要求：轮流上台做自我介绍，并谈谈如果当上了少先队员，会如何履行自己的职责。台下的学生可提问要求台上的同学解答。结果学生们非常感兴趣，那气氛既严肃又轻松，很好地达到了培养学生表达和倾听的能力的目的。

教师是学生心目中的崇拜者，特别是小学生，几乎认为老师是完人，大多数学生都愿意长大了当教师。在语文教学中我抓住学生这种心理，在课堂上我经常聘请学生当小老师，有时让他们带读课文，有时让他们教生字，有时让他们上台质疑。一个个小教师神气十足，学生们也觉得新鲜、有趣。

随着时代的发展，人性化越来越受到关注。语文教学在新课标的灿烂阳光下，更加显得人性化，人性化之花将会更加璀璨。语文课堂教学更加高效，学生学得更加快乐，祖国的花朵更加茁壮成长。

看图写话四结合语言训练

广州市黄埔区新港小学　钟碧芬

作文是小学语文教学的重要组成部分，它是学生认识水平和表达能力的具体体现。在当今的教学中，构建以儿童素质全面发展为特色的语文教学，提高学生的作文能力尤为重要，而要提高学生的作文能力，首先应重视作文的起步教学，即看图写话的训练。看图写话是作文训练的最基本的形式，教师要充分利用色彩鲜明、形象生动、易于感知的图画特点，启迪学生的心智，让学生乐学，会看，能写，不断提高学生的思维及表达能力。那怎样才能有效地对学生进行看图写话的训练呢？我在教学中对学生进行了爱、看、想、写四结合的语言训练。

一、爱

爱就是喜爱看图，即培养学生对图画的兴趣。"兴趣是最好的老师"，教学中，突出"新、奇、活"的特点，吸引学生的兴趣，激发创造求知的欲望，让他们对图画感兴趣，他们就会全身心投入其中，克服困难，顺利地完成目标教学任务。

一幅图画，色彩鲜明，生动活泼。教师要充分利用图画，激发学生的好奇心。如学习看图写话《离群的小鸡》，彩图一出，学生就惊叹："啊！真好看的图画！"但怎样激起学生对图画的兴趣呢？我首先让他们感受图画的色彩美，提出问题：这幅画有几种颜色？这些颜色表现在图画中，好看吗？你喜欢这幅图吗？为什么？由于这些问题比较简单，学生纷纷举手回答，积极性很高。这时，我不失时机地又问："你知道这些图讲什么内容吗？你能把这个故事看明白吗？"然后用激励性的语言，激发他们对图画的兴趣，借助情景，发展语言教学体系，让他们产生想说图意的欲望。

二、看

看就是要会看图，即看清画面的内容。那怎么看清画面的内容呢？

首先，要学会看的顺序和看的方法，善于捕捉画面的特征。观察图画时，可先从观察人物入手，看看画面有几个人，他们在干什么。经过认真地思索，弄清人物的年龄、身份、神态、动作，然后可以从整体到部分（部分到整体）、从上到下（从下到上）、从远到近（从近到远）等不同的观察顺序入手，观察人物周围的环境，分辨出事情发生的时间、地点。如《扫雪》，可指导学生从整体到部分，将观察人物作为切入口，想想图上画的是一件什么事，有哪些人。然后一部分一部分地仔细看图：同学们各自在干什么？这样就能把图看仔细、准确。

其次，要确定画面的意思。通过仔细认真地观察，弄清了人物和景物后，也就熟悉了画面的内容，学生再经过认真思索，就可以确定画面意思。如果画面是多幅图的，还要连起来多看几遍，弄懂每幅图画的意思和各幅图之间的关系。在学习《离群的小鸡》时，我先让学生把四幅图从头到尾看一遍，说说它主要讲的是一件什么事，然后逐幅图看，回答问题：①图中画面发生在什么时间？什么地点？有谁？它们在干什么？一只小黑鸡怎么做？②小黑鸡来到什么地方？躲在喇叭花下的是谁？它想干什么？小黑鸡吓得怎么样？③在这危急的时刻谁来了？母鸡怎样赶走花猫？④小黑鸡又回到了鸡妈妈的身边，此时它的神态、心情如何？这样，学生弄懂了各幅图的图意，写话就容易了。

三、想

想就是想象，具有创造性的想象，对学生进行创造性想象能力的训练，即根据图画，展开合理想象的翅膀，想象图画，发展意图，从激发学生的情感和情绪入手，使之"言之有情"，看图写话的内容就会更丰富，更有条理。

我们知道，人或动物的神态动作变化、内心活动在画上是表现不出来的，因为它是静止的，图画只清楚地反映了事情过程中的一个关键情节。看图写话时先要理解图画内容，然后才能进行合理的想象。儿童爱幻想，他们的思维形式具有具体形象性。这种具体形象性渗入了幻想和想象的色彩。教师充分利用意境，激发他们展开创造性想象活动。

合理的具有创造性想象的活动可以边看边想，把"我"放进图里，体验角色和评价角色，产生"有我之境"的进入角色的感觉。在这过程中，学生既有担当角色的知觉，产生体验角色的情感，又有发展角色的体验，合乎情理地表现出相应的行为和语言。学生从过去在课堂上的被动角色，只是静心听教师的施教，转变为主动的角色，进入教学活动情境，经历角色心理过程。这样，就强化了学生主体投入的意识，这是角色转换，即"进入情境——担当角色——理解角色——表现角色——自己与角色统一，产生顿悟"的过程。看图时，我让学生移情入境，移情于画中人和画中事，与画中"情景交融"或与境中人"情感共鸣"，同时让他们情由境生，有感而发，情动辞发，发展认识能力。让他们看图时多问几个为什么，让他们想象事情的起因、经过和结果；想象事情发展过程中的人物神态、动作、语言；想象图画中没有表达出来而又与内容有关的情节。通过这样多方面的想象，学生能把"静止"的画面写"活"，使图画内容变得具体、形象。

如学习《教师说他做得对》一课时，学生给图中主要人物取名字叫小文，然后把"我"当作小文，想象自己测验卷得了100分，但自己试卷中有一处错的地方，教师又未发觉时"我"此刻的矛盾心情。再结合图画，把"我"的想法、做法说出来。这样，通过角色转换，学生真正成为教学活动的主角，看图写话就变得生动、形象，学习充满学趣，学生乐于接受。它符合学生思维的特点和语言发展的规律。

想象还可以以图为基础，思前想后。看图想象离不开图画，也不能离开图画而胡思乱想。对于多幅图的，我让学生通过想象把每幅图的意思有机、连贯地联系起来。对于单幅图的，就要他们思前想后，即想象画面内容前后可能发生的事情。

在学习《扫雪》一课时，我指导学生从三个方面考虑：①考虑因果。因为下了大雪，所以可以扫雪。②构思过程。想象同学们扫雪的过程以及他们怎么想、怎么扫和会说些什么。③想象结果。雪扫完了，教师会说些什么？同学们会说些什么？他们的心情怎么样？这样，通过想象后，画面内容就像真实的画面展现在眼前，写话时内容更生动逼真。

四、写

写就是会写话，正确描述图画，表达感受，从内容入手，使学生的语言发展落实在儿童生活实践的基础上。在看图写话上，让学生根据画面的内容，运用前面学过的观察图画的方法，同时经过合理的想象，把画面内容按一定的顺序写下来。

写话时，要引导学生在语言实践中，从看到说，从想到说，从说到写，形成爱、看、想、写四结合的语言训练过程。教师要善于激发学生的表达欲望，形成表达自我、抒发感情、交际往来、传递信息等主动发展的动因，使看图写话成为学生可以接受的学习活动，并通过创设情景、观察情景、激发情感，以及培养美感和健康情趣的客观表象，创设"寻美讴美""情动词发""感悟吟志"的具有科学性的语言训练形式，注重审美、悟理的结合，促进学生语感能力的形成，注意处理好语言表达以情景的深刻感受为基础，把具体生活的感性形象变成丰富多彩的语言为目标，顺利进入写话阶段。写话时，教师提出智者多写，这体现了适度的目标层次，让学生怎么说就怎么写，怎么想就怎么写，同时鼓励学生多用优美的语句，尽量把话写精彩。

在看图写话中，我主动采用了这样的教学流程：发现美——想象美——创造美——感受美——描述美，即引导学生在图画的情境中，发现美的形象，进入想象美的活动，创设想象中新的、美的形象，然后抒发爱美的激情和爱美的理性感悟。这摒弃了传统的教学模式，重视把审美活动、情感活动、想象活动和道德评价活动结合在一起，引导学生进入看图、写话的过程：从图寻美——以美激情——以情促思（想象画面）——以思促理（道德评价）——描述画面。

实践证明，只要进入情境，掌握看图方法，展开创造性想象的翅膀，在兴趣的牵引下，感受画中美，情动辞发，就能把图写得形象生动，写得具体逼真，就能促进学生语言表达能力的发展，促进学生观察能力、思维能力、想象能力、美感能力的发展和情感的升华。

浅谈在阅读教学中如何培养学生自主感悟的能力

广州市黄埔区新港小学　黄雪梅

古人云："授人以鱼，只供一餐，授人以渔，可享一生。"我们在课堂教学，其最终目的不也是"授人以渔"吗？叶圣陶说过"教是为了不教"。因此，课堂上教师的每一个教学步骤、环节，每一种教学方法、途径，教师的一言一行都必须着眼于"培养学生自主读书"。因此，在阅读教学中培养学生对文学作品敏锐的感悟能力至关重要，同时还要让学生在阅读中培养自主感悟作品的习惯。

感，是感性的体验；悟，是理性的思考，练就主见。可见，感悟并不是一般意义上的理解分析，而是对语言内涵的体味和对语言形式的深层理解。这里体现了人类认识事物由感性认识提高到理性思考的过程。培养学生敏锐的自主感悟能力，远比教会学生认识几个生字，掌握几种句型或者运用几种修辞手法重要。

反观当今的语文教学，课堂多是教师滔滔不绝、收效甚微的讲演，阅读教学中把课文内容分解得"支离破碎"，问题接二连三，不断绕圈子，学生只有招架之功，根本无暇根据自己的要求和愿望去探索知识。"教学建议"指出："阅读是学生个性化行为，不应以教师的分析来代替学生的阅读时间。"这句话针对"讲读"模式的流弊，提醒我们：阅读课虽然是在教师指导下的学生群体阅读，但是群体阅读必须以个体阅读为基础，以发展读者个性为依归，应把课堂还给学习的主人——学生，把阅读还给阅读主体。课堂应让学生在积极的思维和情感活动中，加深理解和体验，有所感悟和思考。因此，在我校教科研课题实验中，特别是在阅读教学的过程中我大胆尝试，通过开放式的阅读教学，尽可能地为学生创造自主感悟的空间，并对学生在学习过程中的感悟进行合理的引导和鼓励，着重培养学生的自主感悟能力。

一、充分利用感官，帮助感悟

感觉是人类认识世界的第一通道，当然也是阅读教学中启迪学生感悟的首要途径。儿童是通过形象去认识世界，在阅读教学中应以生动的手段，作用于儿童的感官，使学生仿佛能够透过教材抽象的语言文字看到课文描写的形象，如入其景，可见可闻，受到感染，同时又通过所感受的形象，产生真切感，体会语感，加深对语言的理解。如我教《春雨》时，在黑板简笔勾勒出桃树、柳树、庄稼地。学习诗歌时，我请学生给桃树贴上一朵朵鲜红的桃花；给柳树涂上淡淡的绿色；在庄稼地上洒上清清的水滴；小手轻轻一拉青蛙眼睛的滚动条，青蛙紧闭的双眼睁得大大的，它睡醒啦！学生从眼前亲手描绘的春景图感受到诗中描写的意思，感受到春雨给大自然带来的变化。而后，我播放了音乐《春雨沙沙》，学生闭上眼睛想象诗中的美景，亲耳聆听悦耳的音乐，把春雨的轻、柔与诗中春雨的描写结合起来感受，细细体会春雨的细、轻、柔、密的特点。学生的感官接收到鲜明的形象、声音时，右脑区域的积极活动，会使学生在瞬间产生一种直觉的反馈。而利用这种反馈，往往对启迪学生的感悟能力具有事半功倍的效果。又如在教《植物妈妈有办法》时，我准备了开花的蒲公英、带刺的苍耳、干裂的豌豆，用实物演示，让学生理解植物传播种子的方法。在实际教学中，还可以适当地通过多种媒体的运用来使学生仿佛身临其境地体会作品的内涵。

二、在诵读中移情，促进感悟

移情，就是指站在别人的立场上，设身处地为别人着想，用别人的眼睛看这个世界，用别人的心来理解这个世界。通过移情，将学生置于阅读教材中的任务角色中去，体验人物所处环境及社会背景，从而使学生的情感得到感染和熏陶。学生对教材的移情，要求学生能正确深刻地领会课文内容，这就必须借助朗读，而且是有感情地朗读。同时，也要求教师把读的时间还给学生，把读的方法教给学生,把读的乐趣送给学生,让学生得法移情。如教《妈妈的爱》时,我将学习的主动权交给学生,要求学生有感情地朗读自己认为最感人的片段。学生通过感情朗读,了解到妈妈对自己无微不至的关心和爱护,从而自主感悟,懂得母爱的无私和伟大,产生共鸣,因而增强爱父母、回报父母关爱的情感。又如教《小壁虎借尾巴》时,文中前三处"爬呀爬",一位小女孩读得慢,读得沉重些,她认为小壁虎没有了尾巴心里一定很难过,而且它身体受了伤一定会很疼,会爬得慢些,所以她也读得慢些。但一位小男孩却读得快,他认为小壁虎要去借尾巴心里一定很着急,想快点借到它,所以读得快。正因为个人的心境、经历不同,读的感觉也不同。所以我们要珍视学生独特的感受、体验和理解,让学生独立发挥,读出个性,让学生在情不自禁地情感流露中,感觉潜移默化的移情作用,最终完成阅读理解的任务。

三、在重点研读中提升感悟

除了让学生在反复诵读中感悟以外,我们还应指导学生在重点研读中提升感悟。重点研读,是以一段课文或一个句子为中心,通过对其进行仔细的体味来加深理解,这是提升学生对课文的感悟深度的一个非常重要的手段。学生的研读过程不仅是一个认识的过程,更是一个发展的过程。而对教师来说,重点研读则是引导学生由对作品的初步印象上升到其精彩处和细微处的仔细品味的重要手段。

研读活动的运作关键在于确定研读专题。如《鸟的天堂》中有一句"大的,小的,花的,黑的,有的站在树枝上叫,有的飞起来,有的在扑翅膀。"该如何朗读?以此为探索点,引导学生自己感悟、研读。通过不断探究,大家会发现,这句话有多种读法:可以读急促点,表示众多的鸟儿让自己"目不暇接";也可以读得缓慢,说明自己正在细细观赏;可以读得越来越响,表示自己的惊喜;也可以读得越来越低,表示自己为此情此景陶醉。一个句子通过研读,竟然有如此多种读法,那是学生独特的感受的真情流露。

研读的方法还有很多,可以是朗读、画找、讨论、质疑、赏评等。但教师要注意的是:要鼓励学生抓住感兴趣的字、词、句及片段进行分析和研究,并且鼓励每个学生说出自己的体会，从而使全班学生在不知不觉中进入课文的情境。

四、在质疑和讨论中强化感悟

"学起于思，思源于疑。"学生在学习中只有产生疑，才会积极思考，主动学习。因此，在语文阅读教学的整个过程中要努力为学生创设生疑情境，让他们有机会发现疑，探究疑难，千万不能把学生一些天真率直的问题看作不可理喻或毫无价值，因为往往正是这些问题体现了学生在阅读过程中直观真实的感受。有一次，我在教学《三只白鹤》一课时，一位学生问道："老师，《小猫种鱼》那课说鱼不能种在地里，而现在白鹤为什么又把鱼埋在地里呢？"

"水尝无华，相荡乃生涟漪；石本无火，相击而发灵光。"马克思也曾说："真理是由争议确立的。"学生在争议中明理，在争议中长知识，课堂活了，思维也活了。在一节观摩课《草船借箭》上，一位学生提出把课题改为《草船骗箭》，因为诸葛亮是用欺骗的手段从曹操那里得到十万支箭的，此话一出，有的反驳说，诸葛亮最后叫军士高喊："谢谢曹丞相的箭，骗箭不必言谢，借箭才要谢嘛。"有的说，后来到赤壁之战，诸葛亮又把这些箭还给了曹操，这叫"有借有还"。还有的说，如果用"骗"就仿佛在揭露诸葛亮的阴谋诡计了，而不是在赞扬诸葛亮的神机妙算和足智多谋。这种从不同角度的创造性见解，真是难能可贵。更有一位教师在教学《落花生》一课时，让班上持两种不同观点的同学辩论究竟是应该做苹果、石榴那样的人，还是应该做花生那样的人。他们辩论双方都言之有理，持之有据，辩论高潮迭起。直到那节课结束，谁也没有说服谁，但却加深了"只讲体面"的理解。因此，很多时候教师没有必要为这样的争论下一个明确的结论，关键在于让学生在讨论中有所收获，在争论中强化感悟。

五、在课堂表演主动的语言体验中自主感悟

在阅读教学中，让学生即兴表演，是促进其对课文全身心感受的有效手段。在理解课文的基础上表演，把抽象的语言文字转化为形象的表情身姿运动，提高的不仅仅是对课文的深入理解程度，而且能调动和调节以情感需要为核心的一切心理、生理因素，把认识与创造、对美的追求与体验、张扬个性与健全人格统一起来，十分有利于学生语文素质整体提高。如教《狼和小羊》时，"小羊"和"狼"的头饰一戴，教室里的气氛就沸腾起来，孩子们一下子进入课文所描写的情景之中，仿佛成了那个角色，把"小羊"和"狼"演得惟妙惟肖，把抽象的语言文字转化为形象的表情身姿运动，"情动于中而形于外"。又如教《颐和园》这类游记课文时，可模拟旅游活动，让全班学生当旅游团成员，请一位同学当"导游"，向同学介绍各个景点。同学们也可向"导游"提问题，由"导游"解答。这样的课堂表演，可以训练学生在内化课文内容的同时，根据表演的需要，创造地组织语言的表达，在主动的语言体验中自主感悟。

总而言之，只要通过开放式的阅读教学，尽可能地为学生创造自主感悟的空间，并对学生在学习过程中的感悟进行合理的引导和鼓励，就一定能提升学生的自主感悟能力。

整体阅读教学法浅谈

广州市黄埔区新港小学　李小玲

一、引言

语文教育发展到今天,在阅读教学这一块已经有不少的教学方法。这其中就有单元整体阅读法、变序教学法、整体阅读法、学导式教学法等。各种阅读教学法都能适应某些教学内容,有其自身的优势,能在教学中为教师和学生带来益处。在众多的阅读教学法中,本文就其中的整体阅读教学法进行简单的分析。

二、整体阅读法的概念

整体阅读法是苏联快速阅读专家库兹涅佐等人将其作为快速阅读训练提出来的,是指在语文课堂教学中对课文侧重整体把握、整体理解的一种教学模式,这种教学模式从整体上把握教材和处理教材,注重理清文章内部的相互关系,从宏观上驾驭文章,领会文章的主旨内涵,吸收文章的精髓。"整体阅读教学法"是教师在教学中充分重视文本整体的艺术性和科学性的一种教学方式。

三、整体阅读法的教学理念

首先,教师要树立整体意识、整体观念。教师应当意识到文章是一个整体,在教学过程中要保证文章的整体性,从整体上把握整篇文章的教学,不能将文章分析得支离破碎,影响了文章的可读性和整体韵味。教师要站在整体的高度上,将教学的每个环节尽量细化,在引导学生掌握整体阅读的技巧和方法的同时，教师还应当不断地增强自己的语文素养，提升自己对文章宏观的驾驭能力。

其次，整体阅读法是作为快速阅读训练被提出来的，在于帮助学生掌握整体阅读的方法，强调培养学生的语文阅读能力，养成良好的阅读习惯，进而培养学生的整体意识、大局观念，能够从宏观上去把握微观，从整体的观念出发去分析局部的能力。这也能够锻炼他们在今后的工作和生活中在繁多及复杂的阅读中尽快找出重点的能力。

最后，对构成教学的三要素进行组合与联系是实施整体阅读教学过程的途径和一套方法体系。在教师、教材、学生三者之间的关系中，教材是学生学习和形成整体阅读习惯、整体意识的必要前提，教师指导下的整体阅读教学是联系教材与学生的中介，是促进学生形成整体阅读习惯，培养学生整体意识的动力。

第一，要通读全文；第二，浏览课文，弄清写作对象，了解基本倾向，划出疑点、重点；第三，分析疑点和重点。这三个过程体现了整体阅读教学法的整个理念，初级阶段鸟瞰式的把握，对局部重点疑点的分析起着非常积极的作用。只有站在一定高度，才能对局部分析得更透彻更准确。一旦局部的疑点弄清楚了，再回到整体，综合全文，把握文章主旨，实现对文章整体的理解。而理解是对文章由感性认识到理性认识的过程，是阅读实践的核心活动。所以，整体阅读教学法在教学过程中着重的是对教材、对文章的理解。

四、整体阅读教学策略

整体阅读教学法要求培养学生对文章的整体感知和整体把握能力。将这些能力细分就是指对文章的感受、感悟、鉴赏，尤其是语感的积累和语感力的培养。在课堂教学中要站在整体的高度去分析文章，将"整体意识"贯穿于教学的每一个环节。如何进行有效的整体阅读法教学呢？

1. 找关键句段和关键问题，摒弃从第一段入手

学生对新课文总是充满好奇感，教师要懂得充分利用学生对新课文的新奇感将学生的注意力引向对全篇的整体感知。最好不要从一开头就从第一自然段

入手，这样就进入了文章局部的分析，破坏了整体的把握。

弄懂关键句段和关键问题就能够把握整篇课文。因此，在教学的时候教师应当在课文中找到中心句段，或者是提炼出文章的一个或几个关键问题。通过这几个关键的问题激发学生的好奇心和学习欲望，调动他们的学习积极性。让他们围绕着这些问题去进行思考和交流，从而达到对文章的理解和整体把握。

就其抓住文章的中心句段而言，对教师的讲解和学生的学习都能起到事半功倍的作用，同时，这样也能锻炼学生的语文学习能力和语言的感悟能力。如人教版三年级第一组的第一篇课文《荷花》。教师在教授这篇课文时可以引导学生找到描写荷花最多的第二、四自然段，然后着重讲解荷花的形态、色彩，以及荷花在微风中荡漾的美丽景色。最后再回过头梳理作者对荷花的情感，这样的教学方法让学生能够从中学会阅读的技巧与方法，同时也能够从作者对荷花的描写中感悟到作者对荷花的喜爱之情。

找文章中的关键问题，也能够让学生们更加清晰地理解整篇文章。如人教版四年级下册第七组的第一篇课文《两个铁球同时着地》。在教授这篇课文时，我认为可以从伽利略在比萨斜塔进行的两个铁球同时着地的实验入手，然后再提出具体问题，如：①当看到实验结果后人们是怎样表现的？②在实验开始前别人是怎样看待伽利略的实验的？③伽利略为什么要做这个实验？④当时的社会背景怎样？⑤这告诉我们什么样的道理？学生通过对这些问题的思考交流就能掌握到整篇文章的意思，体会到伽利略做这个实验时冲破了艰难险阻，最后打破亚里士多德这位大哲学家的"真理"。

2. 在进行课文教授时要注意把握课文的结构

有的课文呈现明显的总分总结构，还有按照时间顺序和空间顺序安排文章的。这样的课文反而比较适合从第一个自然段入手，然后教师再顺着文章的结构脉络层层推进，将整篇文章一览无遗地展现在学生们的面前。这样的文章"有章可循"，学生理解起来比较容易，教师在讲解的过程中也比较轻松。

如人教版小学四年级下册第一组的第三篇课文《记金华的双龙洞》，这篇课文就是按照作者游览双龙洞的空间顺序，描写了山上、洞口、外洞、内洞及出洞的不同风景。山上：开满了映山红、杜鹃和油桐，溪水时急时缓。洞口：

很高很宽敞，泉水靠着洞口的右边往外流。外洞：如空隙般狭窄，只能容下两人并排仰卧的小船，开始感觉到昏暗。内洞：一片漆黑且比外洞大得多，有形态各异的石钟乳和石笋。教师在讲解的过程中只要把握住以上的线索，点出作者的行文思路，分别在课文的这几部分设置相应的问题引导学生进行自主学习，然后再对文章进行字词句的讲授。结合文章的结构进行整体性教学，是比较常见的方法，也易于学生理解和把握，同时也能锻炼学生对文章的理解与分析能力，学习语文阅读的基本技巧。然而不同的文章有不同的授课方法，不可以偏概全。

3. 文章细节分析时刻不忘整体

我们强调整体阅读，不是排斥局部分析理解。局部的分析是为更好地把握整体。整体是树干，而细节就是枝丫和树叶，目的是让整体阅读法这棵大树变得更加茂盛。优秀文章的细节有许多是作者的传神之笔，分析细节是引导学生寻幽探胜的必经之路，但如果只从微观上研究细节，就很容易将完整的课文讲得支离破碎。因此，分析细节，教师应引导学生认识细节、突出整体。

在文章的分析的教学过程中，我认为教师设计的每个环节都要为整体服务。比如说在教学中进行提问或者是讨论，其最根本的目的都是为把握整体。在进行《妈妈的账单》这篇课文的教学时，在讲解母亲和小彼得不同的账单这个细节时，设计了这个问题：小彼得的妈妈为他提供服务时没有收取任何费用，联系生活实际，你的父母在平常的生活中有没有收取你们的生活费用？这是为什么？这个问题结合文章的主题思想，也进行了母亲对我们不求回报的爱以及我们要感恩母亲的情感教育。另外，教师设计的问题不应当太细，也要避免提出不能启发学生思考的问题。让学生从这些细节问题中把握整篇文章的主体思想与内涵。

又比如在二年级的课文《玲玲的画》教学中，将玲玲前后的两幅画进行对比，然后让学生明白"只要肯动脑坏事也能变好事"这个道理。如何去培养学生的整体意识和大局观念，主要就是将细节处与整体联系起来，让局部去反映整体，让局部之和大于整体而不是局部之和小于整体。我想，这才是理想的整体阅读教学法所要达到的效果。

4. 进行主题性教学

人教版的语文教材将每本教材划分为八个单元，每个单元的文章表现同一个主题。现在也在提倡进行整个单元的备课，把握每个单元内部课文之间的联系。那么，在教学的过程中，我们应当也可以将主题性比较明显的课文放到一起来学习，进行主题性教学。

人教版四年级下册第二组的主题是学习为人处事的道理。其中的《中彩那天》告诉我们："一个人要活得诚实，有信用，就等于有了一大笔财富。"《尊严》告诉我们："尽管我们现在什么也没有，可是我们有尊严就有了百万的财富。"每个人在人生路上都会面临道德与尊严的选择，这两篇课文中的主人公都毫不犹豫地捍卫了自己的道德与尊严。在这两篇课文的教学活动中，我们可以将其放到一起来教学，让学生从这两位主人公的不同遭遇但却相同的选择中去理解怎样为人处事。让他们站在本单元的整体高度上去了解课文、升华课文的内涵。我想如果教学设计合理，其带来的影响力会比单一上这两篇课文更好！

5. 多用诵读、复述、概括、提要的教学方法

语文的教学离不开诵读，语言感悟能力的培养更需要多读。"读书百遍其义自见"这句话所强调的就是诵读的作用，唯有熟读课文才能理解课文。诵读联通了口、耳、大脑，让这三个器官都得到发挥，为后来的理解整篇文章打下坚实的基础。复述、概括和提要，主要是让学生对文章由初步的感性认识变成理性认识，让他们迅速地理解文章的整体，然后站在整体的角度上去学习细节，能够培养他们的整体意识。

对诵读的运用，在其他的阅读教学方法里也会提到。这是相对于阅读教学而言比较重要的一个部分。让学生反复读，然后从中去体会文章的思想感情，这更加适合于诗歌的教学，诗讲究韵律，必须要多次诵读才能体会其中的意蕴与内涵。当然在教学其他文体的课文时，教师也要多注重诵读，当学生有感情地朗读课文时，他们就已经懂得整篇课文的情感基调，然后经过教师的讲解与分析，他们很快就能够理解整篇课文的主旨内涵。

复述、概括、提要，这都是指让学生能够从大体上掌握文章的主要内容。

就拿说明文来说，学生诵读之后就应该明了这篇文章要说明一个什么样的事物，这个事物都有什么样的性质、状态和功能，等等。语文教学培养的就是语文能力，并不是只要求掌握基础知识点，应当从课本向生活迁移，并运用到生活中来。复述、概括、提要就能够让学生对课文掌握得更加简洁明了，也能使学生更快地看到文章的整体，能够培养学生的大局观念。

五、整体阅读教学的作用

语文阅读教学方法林林总总，但无论哪种方法，都离不开整体阅读，都依托于整体阅读。所以笔者以为，应该把"整体阅读"列为语文诸多教学法中的首要代表，把它放在首要地位，予以充分重视、大力提倡并全力运用，以便更迅速、更广泛、更有效地提高语文阅读教学水平。

1. 从语文教学的目标看

语文教学在于培养学生具有独立阅读的基本能力和培养说话表达交流沟通的能力。字词句章都是为阅读文章这个整体而服务的，它们也是依靠于文章整体而存在。

整体语文阅读法在于强调语文应该注意培养学生的语文素养的观念，让学生们从各种文学书籍中去培养语言感悟能力，去理解文字所体现出的情感、思想与所包罗的社会万象。整体阅读教学法能够培养学生对文章的整体理解，能够让学生从局部中去分析出整体。这种大局意识在学生们将来的学习、生活与工作中是非常重要的，这种意识能够帮助学生们在纷繁复杂的阅读中找出关键，分清主次。

2. 从培养学生的语文能力来看

据研究，人的语言能力的学习与形成，主要依靠对前人经验的反复模仿；且基本是一种"不求甚解"式的模仿。

一旦文本中的那种意境萦绕心头，如发于己心，如出于己口，那么就会愈积累愈丰富，愈丰富愈自然贯通，逐渐积淀成一种语感。"熟读唐诗三百首，不会作诗也会吟。"讲的就是背诵对人的语文素养的培养的重要作用，并且背诵向来是中国传统的语言教学中最主要的方法。巴金先生能背《古文观止》

200篇，茅盾能背全本《红楼梦》，这是他们成为具有超人语言能力的文学家的重要原因。

而现在的语文阅读课上，背诵的越来越少，过多的字词分析，没有站在文章整体上让学生进行感知与学习。针对现在的语文教学，古人们提倡的"不求甚解"倒是一种极好的培养学生语文素养的方式。将来的语文阅读教学过程中应当重视大量阅读和整体背诵。这是培养学生语文阅读能力最质朴的规律。

3. 从学生对吸收知识的快慢的程度上来看

学生学习语文无非是要学会吸收和表达。吸收能力的高低主要取决于阅读量的多少和质的优劣。整体阅读法在快速阅读中被提出来，可见这种方法对学生获取知识有着极大的优势。在阅读过程中，学生只有掌握了整体阅读的方法与技巧才能从文章中很快地吸收到整篇文章的重要观点和精神。这是别的阅读方法所不能比的。

学生对文本主旨、对文本的整体把握到达一个什么程度是十分关键的，而学生一旦学会了整体阅读的方法，只需要在教师的引导下就能够静下心来对文本语言与内容做细细体会，而不再需要教师的灌输。这样就能够使学生很快地吸收文章的精髓，提高学生对整体把握的程度。

参考文献

［1］翁胜观.试论中小学语文"整体阅读教学法"的重要作用与地位［D］.闵行区浦江二中，2011.

［2］李山林."整体阅读教学"浅论［N］.零陵学院学报，2004，（3）.

学会观察，开辟写作新天地

——怎样引导学生观察一件物品

广州市黄埔区新港小学　陈凤玲

一、引言

新课程标准指出：作文教学要注重培养学生的观察能力。而我们的学生对事物缺少观察，缺乏应有的认识，加上不明白怎样观察，怎样发现事物有趣的一面，所以自己的作文缺乏真实的生活体验，导致作文无话可说，无物可写。所以作文本上常常空话、套话连篇。面对他们的窘境，首先要引导他们学会观察、善于发现平常事物中不普通的一面。在引导学生描写一件物品上更是如此。怎样引导学生观察，形象地描写一件物品呢？我在教学实践中进行了以下挖掘。

二、充分利用文本资源，引导学生学会多角度观察的方法

法国著名学者贝纳尔说："良好的方法可以使我们更好地发挥和运用天赋和才能，而拙劣的方法则会阻挡才能的发挥。"培养学生的观察能力，必须教给他们正确的观察方法，使他们能够抓住重点和特点进行观察。

在教学《画杨桃》这一课时，我先让学生说出作者为什么会把教师给出的杨桃画成五角星，再说说假如作者移动位置，看到的杨桃的形状将会是怎样的。当然，角度不同，映在眼中的物体的形状也会发生变化。正如伟大诗人苏轼所写的"横看成岭侧成峰，远近高低各不同。"又如达·芬奇的教师让他画鸡蛋一样，从不同的角度观察，所画的鸡蛋没有一个是完全相同的。因此，我们在指导学生观察事物时，要多角度、多侧面地观察。在指导习作《我的小鸭储蓄罐》时，我引导学生从"小鸭"的形状、大小、姿态、颜色等多方面细致

地观察它的头、颈、嘴、身子、羽毛、脚掌的特点，然后抓自己觉得最有趣的一部分进行详细的描述。例如，指导学生观察"小鸭"的头和脖子时，我提出了两个问题：当"小鸭"把头扭到后面时，远看像什么？近看又有什么发现？同学们展开了丰富的联想。有的孩子说："它把头扭到后面，远远看去那长长弯弯的脖子好像一座小拱桥。"有的孩子又说："近看，它好像转头正在梳理着身上美丽的羽毛呢！""不对，或许它正转过头来向我们炫耀它那美丽的长颈呢……"这样一来孩子们的兴致就集中在这个点上，从不同的角度去观察、评论物品的特点。由此可见，把学过的课文有效地结合到写作训练中，激发孩子的观察、想象力，让学生在学习中能学以致用，那么，学生的写作思维会更活跃、语言更丰富。只有观察全面细致，才能让孩子写出具体生动、富有真情实感、多姿多彩的文章。

三、挖掘教材中的"金子"，学会抓住事物的特点描绘事物

教材无非就是一个例子，在课堂上，教师要依托课文文本、活用文本，充分挖掘教材的特点，在课堂上要做到"看—说—写"结合，让学生在实践中学习、积累，活用课文文本资源，把知识转化成能力。小学生天真活泼最富有想象力，只要我们正确诱发学生的联想，使联想与观察有机结合起来，学生感知到的事物才有神。平时在讲读课文教学中，借助多媒体，引导学生欣赏优美句子，启发他们想象；使用一些与课文感情一致的音乐，与课文一起配乐朗读；利用生活中所见的一幅有趣的图画启发他们的想象力，学生会有身临其境之感，想象的翅膀会飞得很远很远，然后在脑海中展现出一幅幅无限宽广的图画。这样写出来的文章才可能是内容丰满、具体而生动的。

一个静止不动的物品，为了把它写得生动、活泼、有生命力，在描写的过程中要引导学生借鉴课内经典课例的写作方法，在习作过程中要恰当运用丰富的写作手法对物品的特点进行描摹和刻画，力求把物品写得生动传神。如指导习作《我的小水壶》时，引导学生用静物活写的手法把壶身上一幅静止的图案写生动、有趣。我根据学生反馈的信息综合了三个问题让他们小组讨论：①通过小水壶外壳图片中这一大一小的热带鱼的动作和神态你发现了什么？

②那条小热带鱼有什么特别引人注目的特征？③看了这幅图你还想说些什么？同学们带着教师的提问认真观察、展开积极的讨论并进行了课堂的片段小练笔。结果，有些同学是这样描写的：我的小水壶上印着两条可爱的热带鱼和许多弯曲细长的水草，一条小热带鱼正顽皮地用它那尖尖的嘴去触动水草，还不时机警地左顾右盼，像寻找着什么，又像防御着什么。另一条大概是小热带鱼的妈妈，她正着急地四处寻找着她的孩子呢！只见她用力地摆动了几下尾巴向前游着，还时不时从嘴里吐出一个个珍珠似的小泡泡，好像在呼唤着自己的孩子快点回到妈妈身边，附近有危险……从孩子课堂上的小练笔反馈回来的信息是：他们通过有目的性、有针对性的观察已展开了丰富的想象力，领会了图意，巧用比喻和拟人的写作手法把一幅静止不动的图画活灵活现地呈现在读者眼前，让读者犹如身临其境一般。

四、从教材的鲜活"故事"中，学会借物抒情的方法

作文是"我手写我心"，写我们的喜怒哀乐。在写我们喜爱的物品时，也要把自己喜爱的感情用笔融入字里行间，让读者读后就能感受到我们的喜爱之情。表达情感的方法也是多种多样的，有时候具体地描写物体的外形特征时，可把自己的情感融入期间，有时候也可穿插故事情节，借事抒情，在指导《我的芭比娃娃》这一习作中，我要求学生引用一两件事例来表达自己对芭比娃娃的喜爱之情。于是，我在小黑板上出示了一段导语：我非常喜欢我的芭比娃娃，"她"不但外表美，而且心灵也很美，三年了，一千多个日夜的相伴，让我们成了一对"知心好友"。每每看到"她"，那些酸甜苦辣的往事就一幕幕清晰地浮现在眼前……我让学生顺着这一提示引用一两个事例来续写下文，表达对"好友"的喜爱。堂上小练笔一个小女生这样续写：我先把我的"好友"介绍给大家认识一下，她是一个人见人爱的、来自美国美丽而又富有活力的小女孩，她的名字叫"芭比"，相信很多人都认识她、喜欢她。她那修长苗条的身上穿着一件合身的粉红色晚礼服，脚上蹬着一双白色、闪亮的别致的细跟高跟鞋，她的衣着总是那么时尚、那么引人注目。那张娇媚的脸上总是挂着迷人的微笑，叫人百看不厌。每当我高兴时，我会抱着她快乐地哼起"圆舞曲"，

转几圈，摆弄着她的胳膊、腿，跳一段"时尚芭蕾"，乐得哈哈大笑。这时候，我似乎听见她那银铃般的笑声……当我在学校遇到不开心的事时，我会把一切烦恼毫无保留地向"她"倾诉，"她"那忽闪忽闪的碧绿的大眼睛关切地注视着我，似乎能听懂我的心事，还委婉地劝慰我……通过这两件对比鲜明的事例，把一件物品描写得出神入化，同时也淋漓尽致地表露出作者对芭比娃娃的真实喜爱之情。

此外，我还充分利用课文中的图片资源，培养学生的观察能力并教给他们观察的方法。语文教科书上的插图可以说是五彩缤纷、精彩纷呈，非常容易吸引孩子的注意力，是培养孩子观察能力的好资源。课内，让学生先看配图再学习课文内容，鼓励学生大胆发现自己观察到的东西与课文的描述有何异同，鼓励学生根据课文插图改写课文内容，发挥想象，续写、补写文中内容，有效地培养学生的观察力、想象力及求异思维能力。

小学中年段的作文教学中有了行之有效的观察方法，学生会更深刻地感受到生活与作文中的乐趣。因为善于观察，产生了对生活的热爱，对写作的兴趣，作文因之变得亲切自然，学习因之变得趣味横生，潜能因之创生挥洒，学生的作文能力能在自然、真实的生活情境中得到提升和发展。

参考文献

[1]戴世强.方法比知识更重要[J].力学与实践，2015，（3）.

[2]林杭标.挖掘文本，用好教材[J].学周刊，2014，（19）：151.

交互式电子白板在小学语文作文评改中的运用

广州市黄埔区新港小学　麦柳芳

小学作文评改教学一直是课堂教学的一个薄弱环节。写作成功的一个关键就是不断尝试和修改。传统的作文评改方式，往往是学生写教师改，然后教师在课堂上读一读好的作文，分析其长处及值得学习的地方，再指出习作中大家集中出现的问题，耗时耗力，效果却不明显：一方面，仅靠教师在台上念一遍，学生印象不深，很可能后面的习作读完，前面的也就忘得差不多了，更没法深入去体验当中的妙处；另一方面，概括指出作文中存在的通病，学生容易忽略自身情况，拿回自己的作文后，匆匆看一遍教师的批改和评语或誊写一遍就过了，还是没弄清楚自己习作的缺陷在哪里，需要如何改进，评改课的效果就大打折扣，更难以从修改中提高写作水平。

交互式电子白板技术作为一种新型的电子科技技术，在教育教学中为课堂内师生互动、生生互动提供了技术可能与方便，其强大的"交互式"功能，运用于小学语文作文评讲，更有利于调动学生的参与性，改变低效的作文评改方式，更有效便捷地实现了"引导通过学生的自评和互评，取长补短，促进相互了解和合作，共同提高写作水平。"

一、运用交互式电子白板，增加学生评改作文的参与度

每个学生都渴望得到别人评价，但传统的作文评改课中，受时间和形式的限制，选取点评的作文有限；学生不感兴趣，参与度就不高了。教师无论使用哪种教学方法，其过程必须"充分关注学生的参与性，并注意培养学生良好的学习习惯"。运用交互式电子白板，将学生的习作以图片或实物投影的方式，

投影到电子白板上，使每一位学生的文本都有机会展现在学生面前，让所有学生都参与到习作的评改和被评改当中，学生的积极性将大大提高。如学习《穷人》后，结合课文内容，展开想象进行续写《穷人》的一次小练笔，利用电子白板对学生练笔进行播放展示，与学生一起评价，推荐优秀小练笔，对于写得不理想的小练笔大家再共同点评修改，让学生能够接收到来自同学和教师的建议、赞扬或批评，从而激发其参与写作和修改的兴趣。

另外，利用电子白板资源库调出学生作品，特殊的图形标识和利用电子笔进行挪移等方式，对于小学生尤为具有吸引力，学生上讲台发言、演示、亲自在白板上面操作的积极性都非常高，这样既增加了学生评改作文的参与度，调动了学生的积极性，又活跃了学生的思维。

二、运用交互式电子白板，提高作文的评改效率

交互式电子白板操作系统扩展并丰富了传统计算机多媒体的工具功能，其独有的交互式功能，使用配套的电子笔，大大方便了作文评讲的过程。

在修改应用文写作格式时，运用电子白板中的拖放功能可以快捷地提高课堂效率。在教写书信时，信的格式以及信封的书写格式是学生容易出错的，为了突破这一难点，我利用电子白板的拖放功能进行评讲。首先在课前将书信以及信封的各部分要素制作成可拖放的素材放入资源库中，在课堂上将其拖拉出来，并将学生习作中出现的错误格式呈现，让学生观察，请学生上台利用电子笔对格式错误的地方进行拖拉改正。由于拖放相应的模块非常方便，免去再重新书写的烦琐和拖沓，直观、快捷，学生的操作兴趣甚浓。而学生在参与互动中明确了书信和信封的格式，收到了较好的教学效果，也节省了时间。

电子白板的拖放功能对其他应用文体格式以及习作段落结构的修改也很有帮助，而且制作好的这些格式素材保存在资源库中，根据需要可以随时提取出来使用。

运用电子白板中的注释功能也能提高作文评改的效率。电子白板提供的多种书写模式、颜色、线条、边框等，利用电子笔在白板上直接使用，无需在电脑上借助鼠标点击，修改起来方便快捷，修改完毕后，学生更容易也更直观

地了解习作中存在的问题以及修改的具体细节，一目了然，提高了作文评改的效率。

三、运用交互式电子白板，学生更容易掌握修改方法

在作文评改教学中，引导学生掌握修改作文的方法是一个很重要的环节，一定要改变"教师改，学生看"的传统观念，让学生齐动手齐参与，教学中，教师可由易到难、由单项到综合地指导学生自改的方法和要领，循序渐进地指导学生修改。运用交互式电子白板，使学生在修改作文的训练过程中，逐步养成修改作文的习惯，形成能力，提高作文素质。

1. 借助注释功能，进行习作基础修改

作文修改，字、词、句、标点是基础。运用电子白板的注释功能，使用电子笔对需要修改的地方进行实时的勾画、删减、增添、调序等操作，调节线条的颜色与粗细，引起学生注意。如在评讲如何对病文进行修改时，可选取个别学生在语句上有问题的习作作为病文，全班一起分析，找出有语病的句子，请学生上讲台用电子笔直接在投影幕上对文章进行修改，指导学生对病文中出现的缺少句子成分、重复啰嗦、语序问题、搭配问题等病句用规范的符号进行修改，做到清晰准确，而后根据示范对自己的习作进行修改或同学间互改，掌握修改的方法，解决错字、标点、病句等基础性问题，使习作句通顺。

2. 借助聚焦、拉幕、放大等功能，进行习作提高修改

在解决字、词、句的基础修改问题之后，学生的习作基本上能够文从句顺，但相当一部分学生的习作在结构上流于松散，描写方法欠生动形象。运用电子白板，一方面可以借助聚焦功能，对优秀范文的特点进行重点"圈住"，如在强调习作有关点题、首尾呼应的写作方法时，将范文的开头、中间、结尾等点题的相关语句，使用聚焦功能进行重点勾画指出，学生便能清晰地发现哪些地方点题，首尾是如何做到呼应的，借鉴别人的长处并适当运用到自己的习作里，提高作文水平。

小学生由于其有意注意的选择性和稳定性都比较差，还不太会控制自己的注意力，所以容易受到来自外界环境的干扰。借助电子白板的拉幕、放大等功

能,可将学生的注意力集中在指定区域,减少注意力分散因素的影响。例如学生的习作不够生动,往往是细节描写没有抓好,特别是在人物描写方面,学生未能紧扣细节来表现人物,这时候可以抓住病文当中一个可以展开细节描写的地方,共同探讨,用拉幕或放大镜工具将其他部分遮罩或突显出来,让学生将视线集中在相关的位置,而不会被其他语句段落所干扰。

3. 借助保存、回放功能,巩固作文的评改方法,师生相互促进

交互式电子白板具有保存和回放功能,可以把一节作文评改课中所运用到的技术手段进行保存,如书写、注释等操作都可以保存下来,当作文评改的步骤、方法和内容都完成后,可以将这些步骤重新快速播放,学生回顾一节课的教学要点,巩固加深印象,取长补短,共同提高写作水平。另外教师也可以在重新播放的环节中找到不足之处,进行教学反思,提高教学水平。

交互式电子白板作为一种新的电子教学工具,为作文评改教学提供了新的技术方便,拓宽教学空间,解决传统作文评改中存在的问题,提高了教学效率。在今后的教学中,我们将不断探索、总结、提高,让其更有效、便捷地提高小学语文作文教学的课堂质量。

参考文献

[1] 中华人民共和国教育部.全日制义务教育语文课程标准(实验稿)[M].北京:北京师范大学出版社,2001:21.

[2] 崔岐恩.教师新课程教学方法应用[M].长春:东北师范大学出版社,2010:56.

[3] 王文彦,蔡明.语文课程与教学论[M].北京:高等教育出版社,2002.

[4] 余宏佑.打开作文教学的另一扇窗——交互式电子白板在作文教学中的整合研究[J].教育信息技术,2010,(8).

[5] 王小菊.交互式电子白板在小学作文教学中的有效运用[J].小学教学参考,2010,(12).

小学语文高效课堂的探究

广州市黄埔区新港小学　陈雪丹

高效课堂是现在教学环境追求的一种高效率的课堂传授方式和学习方式。何谓"高效课堂"？"高效课堂的高效体现在效率和效益上，即在一定课堂时间、容量范畴下，让学生受到积极的教育影响，不仅完成有限的课堂任务，同时对学生自身的品质进行培养和锻炼。"不仅教师在教学时要注意信息的高效输出，而且学生在学习时要能高效吸收信息。课堂要具有双向性，不是教师或学生的单向活动。高效课堂这一观念的提出，教师面临着一些困惑与矛盾，也对教师提出了更高的要求。

一、矛盾

现在小学语文教学中，存在许多矛盾、面对许多问题，笔者在这里浅谈以下三点。

1. 当前教育现状与所追求达到状态的矛盾

当前教育现状最明显存在的一个特征是应试教育，检测学生学习的一个标准是考试成绩，学校、家长、社会等会从学生期末的测试成绩来判断教师是否优秀。而教育追求达到的状态是，学生对学习有积极性、主动性，喜欢学习，快乐地学习，课堂是高效率的，学生与教师间有很好的互动。这就形成了一个矛盾，教师为了学生能够取得不错的成绩，课堂教学内容大多与学生期末测试的内容息息相关。为了学生能够顺利通过考试，这些知识有时会以枯燥的、简单的方式传授，听得懂的学生继续听，听不懂的会被外面的虫鸣鸟叫吸引，这样的课堂又如何达到教育所追求的高效状态？要达到高效课堂，就需要教师处理这存在着矛盾。

2. 备课内容单一性与授课对象差异性的矛盾

现在学校的教育方式大部分采用一班式教学，教师将提前备好的教案传授给学生，以讲授式教学为主。教师的教案只有一份，但是面对的对象具有差异性。学生的水平不一，成绩在班里属于高层的孩子，可能教师不用讲他都知道了；成绩中层的孩子，可能需要教师讲一讲；成绩底层的孩子，教师讲的他也听不懂。这就出现了一种困惑，教师到底应该怎么备课。应该讲给哪个层次的孩子听，学生才会积极地参与课堂，使课堂高效起来，又是另一值得思考的问题。要达到高效课堂，需要教师处理好备课内容与授课对象的矛盾。

3. 学生注意力不集中与教师赶教学进度的矛盾

课堂上常常会出现学生注意力不集中的状况，学生容易走神，有时晃神一会儿再回到课堂，发现没能跟上课堂节奏，这一节课学生收到的学习效果可能不好。但是，教师需要在有限的课时里完成相应的教学任务，有时对学生学习注意力不集中的情况只能不了了之。这样的课堂不要说要达到高效，可能会影响班里学生的学习。

二、策略

关于高效课堂的应对策略，笔者结合自己的教学实践，浅谈以下四点。

1. 将游戏渗入课堂教学中

游戏是小孩子比较喜欢的一种方式，不少小朋友很小的时候就喜欢做游戏，而且玩得不亦乐乎。他们在游戏中获取的知识，是不可衡量的。既然小朋友喜欢玩，那么在教学中渗入游戏，或许能够达到不一样的效果，特别是对低年段的小朋友来说，游戏能够吸引他们的注意力，让他们投入课堂，我们教师需要做的是，将游戏渗入课堂要教授的内容中。如，在低年段讲解生字词的时候，可以让同桌之间合作"看谁反应快"：一个小朋友拿拼音卡片，一个小朋友拿生字卡片，当一方拿起拼音卡片时，一方要以较快的速度拿出生字卡片；当一方拿起生字卡片时，一方快速拿出拼音卡片。也可以让学生用手上的生字卡片进行词语组合，接着同桌之间再合作读一读。还可以选几组同学上台竞赛，看看哪组同桌合作最好。当学生在做这些事的时候，教师只需要去巡堂，帮助那些不会读的学生，及时给出反馈。

这样的方式能够让学生参与到课堂之中，学生自己会学得不亦乐乎，这是比教师一个人在讲台上自己讲得不亦乐乎强得多的。这样的课堂学生如果都参与进来了，高效率的课堂也会慢慢出来。

2. 运用多媒体教学

处于现在的"互联网+"时代，网络不仅影响了人们的生活，而且深深地影响了教学。网络的普及，使课堂教学形式不再像传统教学形式那样单一，教师用一根粉笔和一张嘴为学生讲授知识。现在的教学形式是多样化的，可以通过多种形式为学生传授知识。教师也要跟上时代步伐，利用好网络资源，通过多种形式教学，使课堂越来越高效。将多媒体适当地运用于教学中，会有不一样的效果。教学中，教师运用图片、音频、视频等资源，将其与教学内容结合起来，帮助学生直观感受一些难以理解的知识。如，讲授二年级语文上册《北京》一课时，一些没有去过北京的小朋友可以通过图片认识北京；可搜集不同年代北京的图片，让学生比较不同年代的北京，对北京的变化也有较深的认识，引导学生更好地体会北京的美。又如，在讲授二年级语文上册《我们成功了》一课时，因为申奥成功年代距离学生的生活年代有点远，申奥成功的场景也比较难描述清楚，通过播放"申奥成功"的视频，学生对当时的情景能有一个比较直观的了解。利用这样的多媒体进行教学，学生注意力的保持度、学习的积极性、课堂的参与性都相对比较高，课堂效果比较好。

网络还有其他一些辅助教学的功能。如，针对班里不同学生的学习情况，教师除了布置学生一同要完成的任务，还可以根据不同层次学生的情况，布置不同的任务，通过网络平台发布给学生的家长，让家长督促孩子完成任务，并获得反馈，教师也容易了解不同学生知识点的掌握情况。又如，教师如果担心一些学生对课堂上的内容没有掌握，可以通过录微课的方式，将重点内容再讲解一遍录下来发送出去，学生根据各自的情况选择要不要再观看视频。多媒体对课堂中教师和学生的互动有一定的帮助，教学不再是单向的传播。

3. 提升教师自身素养

社会的发展对教师提出的要求越来越高，教师的课堂要达到高效的效果，还需要教师不断提升自身的素养。教师的语言、行为在无形之中影响着学生。就语言来说，平淡的语言和富有生动性的语言运用于教学中，会起到不同的效果。如，在教学人教版二年级语文上册《从现在开始》一课时，我用"同学们，狮子大王准备在森林召开一场大会，现在邀请四面八方的人前去参加，你们如果获得了门票，也能参加这样隆重的会议。现在准备好赢取门票了吗？"开场，学生的反应比较热烈，能看得出他们的好奇心。如果我用"同学们，请你们打开课文21课《从现在开始》，我们今天来学习这篇文章。"开场，或许学生的积极性就没有那么高。

4. 给学生参与的机会

课堂中，教师自己有时在上面讲一节课，忽略了学生的参与。首先，教师要在观念上树立让学生参与的意识，舍得适当放手；其次，教师要营造出那样的机会让学生参与进来。教师和学生一起互动的课堂才是不一样的课堂，学生学习的积极性是达到高效课堂的重要一点，教师的教学也是要调动学生学习的积极性，让学生体会到学习的乐趣。如，合作学习是学生参与学习的一种重要的方式，教师可以多营造环境供学生学习，准备好合作学习的内容、目标、分工等细则，对学生加以引导，促使同学之间进行交流，学生在这个过程中能够收获到不一样的东西，在学生合作学习的过程中，教师可以积极参与，并将学习情况进行展示，也可以针对出现的问题及学生不明白的地方进行讲解。又如，让学生参与其中的探究学习，如果各方面条件允许的话，教师可以带学生开展一些探究活动，这样的活动可以在学校里举行，也可以带学生到户外活动，这样的体验活动，相信学生比较乐于参与，学习的主动性也比较强，触动了学生学习的积极性，对课堂效果也会产生不一样的影响。

高效课堂是当今教学的一个趋势，还没有完全成熟的它，会存在一些矛盾，给人们带来一些困惑。这也促使着教师进行智慧的思考，不断反思，不断探究，不断进步，不断成长。

参考文献

[1] 俊红.打造小学语文高效课堂的"诗外三招"[J].河南教育(基教版),2011,(6):48.

[2] 茅洪峰.浅谈小学语文的"大语文观"[J].中国教师,2013,(2):44.

[3] 郭凤琴.当前语文课堂教学中的问题及其对策探究[J].中小学教学研究,2013,(2).

[4] 王鉴,王明娣.高效课堂的建构及其策略[J].教育研究,2015,(3).

[5] 龙宝新.高效课堂的理念缺陷与实践超越[J].教育发展研究,2014.

[6] 郭燕.构建以学生为主体的小学语文高效课堂[J].教育教学论坛.2015,(9).

[7] 龙宝新,张立昌.论当代我国高效课堂改革的成因与走向[J].教育科学,2014,30(1).

[8] 龙宝新,折延东.论高效课堂的建构[J].教育研究,2014,(6).

[9] 张朋.论小学语文教学的"智慧教育"[J].教育科学:引文版,2016,(32).

[10] 靳艳琴.浅谈小学语文高效课堂的构建[J].教育科学,2011,(8).

[11] 李慧香.小学语文高效课堂之我见[J].教育教学论坛,2014,(54).

[12] 王娟.小学语文教学的育人之"道"[D].华东师范大学,2011.

浅谈整合教学资源，提高教学效率

广州市黄埔区新港小学　李玉娇

一、研究缘起及意义

1. 研究缘起

目前，小学课本教材有些内容偏旧，缺乏鲜活的时代气息，学生学起来感觉枯燥无味。有些内容又太过于浅显，学生无需花多少时间就能读明白。假如教师依然按照课时上课，这显然有些浪费时间和低效了。现实中隐藏着丰富的可塑资源，并与课文内容息息相关，可大大提高学生的学习兴趣。因而开发和利用课程资源，合理地把各种资源整合起来，达到知识获取的最高效率，这是我们每位教师梦寐以求的。

2. 研究意义

（1）理论意义。随着新课程改革的不断推广，教学资源的重要性日益显现出来，其中对教学资源的开发与整合利用是语文教学有效实施的重要保障。

（2）实践意义。本文是在查阅大量相关文献资料的基础上，通过自己和同事多年来对教学资源整合进行的一些尝试性教学探索，证实了实现教学资源的整合，可以培养学生搜集和处理信息的能力、获取新知识的能力、分析和解决问题的能力，以及交流与合作的能力，大大提高教学效率。

二、概念界定

什么是整合资源？我个人认为，从"课程资源"这一概念本身理解，是"课程"与"资源"的整合。从实际上理解，课程资源的整合是教材、教师、学生、环境的整合；从课程结构上看，是课程与课程之间的整合；从课堂教学的角度来看，课程资源整合是教与学的整合。

三、教学资源利用存在的问题

1. 教学资源的开发与利用未得到重视和利用

当前语文教师没有很好落实标准要求，没有把有用的资源尽力地利用起来。而2011年版的《语文课程标准》很明确指出：语文教师应当高度重视课程资源的开发与利用，创造性地开展各类活动，增强学生在各种场合学语文、用语文的意识，多方面提高学生的语文能力。这确实让人深思。

2. 教师资源的价值未得到体现

教师本身就是重要的教育资源，不仅决定教育资源的鉴别、开发、积累和利用，还是教育资源的重要载体。因此，教师在教学中应发挥其促进者、引路人的作用，不但要把自身的资源传授给学生，还要帮助学生开发和利用学习资源。可现实中，尽管教师每年都有参加继续教育培训，但很多教师本身的教育资源还只是杯水车薪而已。

3. 教学资源的开发与利用尚存误区

很多一线的教师都反映，其实当前的语文课堂教学中，教师在开发和利用教学资源的过程中依然存在一些误区：远离师生的实际；非语言性活动太多；与文本无关的语言活动太多；违背教材的价值取向；缺乏资源的整合与提炼。

所以，如何让教师有深刻的认识和明确的方向，使教师避免误区、走出误区？语文教师在课堂上如何整合教学资源，提高教学效率？这些确实是值得探究的问题。

四、产生教学资源利用问题的原因

1. 教师对开发利用语文课堂教学资源需解决的问题

教师应该全面深刻地学习《语文课程标准》的内容。其内容中提到的"课程资源"就包括课堂教学资源和课外教学资源。我们每个语文教师都要有强烈的资源意识，去努力开发，积极利用。传统的资源观认为：教科书、教学挂图等才是课程教学资源。其实，教师、学生本身就是丰富的、珍贵的教学资源，他们在交往互动中时时生成着。语文教师只有高度重视课程资源的开发和利用，创造性地开展各类活动，增强学生在各种场合学语文、用语文的意识，多方面提高学生的语文能力，才能实现语文课堂的高效。

2. 教师缺乏价值取向和提升的观念

语文教师对利用资源的原则把握不清，也不重视提升自己，导致自身资源欠缺。利用资源的原则把握不清，就会迷失价值取向和实效性的方向。教师不重视提升自身的资源，就好似"巧妇难做无米之炊"，要想实现课堂的高效是不可能的事。通过多年的教学实践，我觉得教学资源利用应该遵循"明确价值，合理利用""融入教学，动态生成""整合信息，实现创新"这三个原则。

3. 教师片面依赖课文，忽略其他资源

有一部分教师（特别是上了年纪的教师）习惯使用传统的教学方式，把教学、学习建立在人的客体性、受动性、依赖性的一面上，从而导致人的主体性、能动性、独立性不断销蚀。甚至为了所谓充实课堂，仅仅是为了追求自己想象中的热烈而把一些与文本相违背的资源也滥用进了课堂。而现代的学习方式就要转变这种被动性的学习状态，把学习建立在人的主体性、能动性上，使独立性不断生成、发展和提升。如果课程资源的引入，与所授文本没有逻辑上的关联，不适用于对课内文本的分析，仅仅为了让课堂作秀而已，那么，一定会出现课堂效率低下的问题。

五、整合教学资源，提高教学效率

在《2011版新课程标准》的号角吹响的今天，语文应该怎样教？"以整合教学资源，群文阅读策略为指导，以基础知识为线，实现教学内容、教学时空、教学方法的全面开放，使学生在学习内容、学习方法相互渗透，有机整合。"我常常这样想。

我很喜欢现在的语文新教材，感觉它在编排上将语文的人文性和知识性结合得非常完美。且不说编者挑选的每篇课文都是古今中外的精品、美文，单就这样围绕专题组合单元，不同的专题在各学段之间螺旋上升的板块设计，就使我们的教材在篇与篇之间、学段与学段间自然形成一个个有机整体，让我们的"教"与"学"较之前轻松了许多。在教学实践中，本人通过以下方式来整合单元资源，让教材更好地为教学服务，并提高课堂效率。

1. 整体中把握教材设计特点，送一把自学的钥匙给学生

众所周知，新课程标准的设计思路是在提高学生整体语文素养时，各学段相互联系、螺旋上升。例如，同为爱国主义教育，在五年级上册就是《狼牙山五壮士》；而在六年级下册却是《十六年前的回忆》《灯光》。五年级要求理解战士们是如何想、如何做的，以及为什么要这样做，引导学生理解五壮士的爱国主义情感；在六年级下册除了这些，还要理解老一辈无产阶级革命家的革命理想及信念，培养爱国主义情怀。再如，三年级下册《可贵的沉默》《她是我的朋友》《七颗钻石》《妈妈的账单》，这四篇课文围绕着可贵的亲情和友情来写，体现了相同的主题："爱"。《可贵的沉默》《妈妈的账单》体现了父母之爱；《她是我的朋友》体现了朋友之爱；《七颗钻石》体现了广博的爱。

把握了教材的特点，我们就可以将不同学段间的相关单元、同一个学段的相关几篇课文、一个单元的几篇课文，看成一个个有机整体，将课本、课文资源整合起来。让孩子们在预习时就有针对性地回顾前面所学的相关知识，在旧知识的基础上学习新的内容。"温故而知新"，预习时通过"温故"，相信这个"知新"的过程会变得简单和亲切许多，能达到事半功倍的学习效果。当然，我们还要告诉学生，预习时一定要看每个单元最前面的"单元导语"，它往往用很简短的一两句话点明本单元主题，对学生的课前预习起到了提纲挈领地理清文章主要内容的作用。

要想学生预习好，教给学生预习的方法十分重要，这就好像交给学生一把大门的钥匙，让孩子们可以独立、自主地学习，有效地理解课文，为我们提高课堂效率打下良好的基础。预习的方法其实可以有很多，通过我多年的教学经验所得，我觉得适合学生的预习方法是：低年级可以归纳为"四字法"，哪四字？就是"读、划、想、问"。读，要把课文生字读准；把课文读通。划，把要求会写会认的生字划出来；划出你自己喜欢的词语或句子，并多读几遍。

想，就是遇到自己读不懂的地方停下来想一想，想不明白的要查阅资料或请教别人，还可以把文中的内容想开去。问，就是提出自己最想知道的问题，以备在课堂大家一同探讨和解决。适合中高年级的预习方法可以归纳为"五字法"。哪五个字？就是"读、划、悟、问、写"。读，就是把课文读通读流利并带感情。划，就是划出文中的好词佳句妙段。悟，就是边读边感悟，把自己独特的感悟写在书上。问，就是提出几个值得探讨的问题。写，就是写出文中的主要内容。

2. 朗读中体现单元的整体性，提高学生整体把握能力

不同学段间的相关单元构成了一个个内容上的整体，就同一个单元几篇课文间，也通过不同文章的相同主旨表现其内在的联系。教材往往会通过不同的几篇课文，通过几个侧面说明同一个问题、同一个道理，或同一个主题，丰富整个单元主题。如十二册第五单元的三篇课文，写玛丽·居里，或写杨利伟，或写怀特森教师。表面上看起来各不相关，但仔细琢磨，我们会发现，这三篇课文都是写科学精神的某个方面，结合在一起则构成相对完整的科学精神的定义。而要充分了解科学精神，这三篇课文不可或缺，因此整个单元三篇课文就构成了一个完整的知识体系。再如，五年级下册第四单元的四篇课文，讲述了一些感人至深的故事。《再见了，亲人》中的志愿军战士和朝鲜人民依依惜别的深情令人难以忘怀；《金色的鱼钩》中老红军战士忠于党、关心同志胜过自己的高尚情操催人泪下；《桥》中老支部书记在生死关头，不徇私情、舍己为人的壮举使人心潮难平；《梦想的力量》中那个年仅六岁的孩子的美好梦想让人感受到善良与同情心会凝聚和迸发出巨大的力量。

在教学中，为了让同学们体会整个单元的主题，提高孩子们整体把握单元的能力，我在每天的读书时间，都安排学生将本单元的几篇课文连起来朗读，使他们在朗读的过程中，自然地将整个单元的文章看成一个整体，有助于孩子们形成整体把握能力，使整个单元在学生的心中形成一个比较清晰的脉络，有助于同学们对课文的理解。

另外，朗读的技巧也因不同题材的课文而应该有所同。比如，朗读"平实类文章"，语气要沉稳、重音要坚实，语气应肯定、平和、朴实。在重音表达上一般不使用加快、变轻、转虚等方法，最常用的是加重并适当拖长音节。其音高和长度要看语气的色彩和分量。朗读"记叙文"，在声音的运用上应当轻柔而明朗，声音实而不硬，柔而不黏，节奏稳中有变，变换自如。不要高音大嗓、粗声粗气，也不能虚声虚气，松散懈怠，应如小溪流水般清澈明快。朗诵诗歌时，语言一定要流畅，不能干涩。还要特别注意吐字归音，要求每个字的韵腹拉开发清楚，并且发音部位要到位。那么，如何评价学生的朗读呢？可从语音、语调和感情等方面进行综合考察。朗读作为语言的再创造活动，除可以直接考查学生表现的语言美感外，还可以看出朗读人的语文水平和表现能力。教师要给学生讲清朗读要领，让学生确定合适的音量、音高、音长和音色。朗读时的音量选择，应达到表达清晰悦耳和对声带自我保护的完美统一，应力戒喊叫式发音习惯。朗读好一篇课文，这篇课文就能像春天的惊雷催人奋进，像夏天的细雨润人肺腑，像秋天的清风驱人愁云，像冬天的阳光暖人心房。

可见，如此朗读，阅读量大且内容丰富，学生们觉得不那么枯燥，读起来也更有兴趣，也就更有效果了，还为提高课堂效率起到了积极的推进作用。

3. 教学中注重篇与篇之间知识点的联系，帮助学生深刻理解文章内容

由于同一个单元几篇课文体现的都是一个相同的主题，这样的教材编排，还可以使教师在教学过程中，很自然地用同一单元的不同课文来说明同一个问题。比如，在教学第十一册第八单元的《月光曲》一文时，学到盲姑娘"她仿佛看到了……"这一段，学生们不易理解，"她怎么会仿佛看到大海？"于是我加以点拨："钟子期听伯牙的音乐能看到什么？"同学们很自然地想到前面学过的《伯牙绝弦》中"志在高山，钟子期曰……志在流水，钟子期曰：'善哉，洋洋兮若江河！'伯牙所念，钟子期必得之"的意境，如此将这两篇课文联系起来，同学们霎时就顿悟了盲姑娘为什么"仿佛看到了……月光下波涛汹涌的大海"这一段最难理解、也最为优美的文字。为什么会仿佛看到这些？因为这是贝多芬之所想，盲姑娘所悟，这就是艺术的魅力，这就是知音间的心有灵犀。这样，课文的重点和难点一下子就突破了，学生不仅学得轻松愉快，而且对这两篇课文的理解也就更加深刻了。

将课文相互联系起来，不仅能起到触类旁通的效果，而且就课文后的回顾与拓展，也往往是对课文内容进行补充和拓展。就如上面所说《月光曲》这个单元，后面的"日积月累"中的词语，如雕梁画栋、雅俗共赏、曲高和寡、阳春白雪等成语，虽是寥寥几个字，其间蕴含的故事和深意却让孩子们了解到艺术的更多层面，感受到艺术的无限魅力，既丰富了本单元主题，深化和拓展了前面所学的几篇课文，又为日后灵活运用本单元所学知识打下扎实的基础。

学生对课文的领悟可以是在电光火石的瞬间，也可能是穷其一生都无法实现的梦想，关键是看教师如何引导。现在，教材为帮助学生更轻松地理解课文的重难点提供了诸多可能，只要我们充分利用各种资源，加以整合，相信可以为学生创造更多电光火石的瞬间，提高教学的课堂效率。

4. 实践中整合课文、口语交际和习作，提高指导习作的能力

教材中每个单元都是围绕同一个主题进行编排的，每个单元的习作都是前面阅读课文的拓展和运用，因此，上好前面的阅读课就为后面的口语交际和作文形成了一个很好的铺垫，而后面作文的成功又可以进一步加深对前面几篇范文的理解，进而提高学生的阅读、理解能力。前面的课文和后面的习作相辅相成，形成一个非常完美的整体，对学生理解能力和写作水平的提高起到了良好的促进作用。所以在上课的时候，总是将二者糅合在一起，从不将某个环节独立起来，不管是课文、口语交际，还是单元作文都是如此。

例如，第十二册第二单元，学习完前面两篇课文《北京的春节》和《客家民居》后，在同学们了解不同的地区有不同的习俗的基础上，我再让学生进行口语交际和习作，孩子们在充分了解本单元习作要求的基础上自学第九课《和田维吾尔》，因为我觉得这篇课文其实就是本单元的习作范文。学生自然而然地从学习写作的角度出发来学习第九课，因此写出来的习作的文章脉络都比较清晰，效果很好。接下来，在讲评本单元习作时再一次将学生的作文和第九课《和田维吾尔》结合在一起评讲。经过这样的整合，孩子们既对课文内容理解得更透彻，又能注意到文章结构，对写作水平的提高起到了良好的促进作用，提高了课堂效率。

5. 运用现代信息技术，加大信息的冲击力度

多媒体技术是一种把文字、图像和声音等多种信息媒体集合在一起，并

79

由计算机综合控制的技术。它不仅有传统媒体、幻灯机、投影仪、录音机、录像机的全部优点，而且实现了集成和交互。它是把成熟的图像处理技术、声音处理技术、视频技术革新和三维动画技术等有机结合，同时在它们之间建立密切的逻辑关系，使这些本来互相游离的技术在计算机中相辅相成，形成有机的整体，使教育思想、教学内容、教学方法、课堂结构等发生巨大变化，对实现教学现代化、提高教学质量、全面发展学生的个体的素质都带来了革命性的进展。多媒体、互联网等现代化信息技术及设施的应用，使学生在充分感知的基础上，实现多种感官的有机结合，从而使知识、情景多层次、多维度、直观形象地展示于学生面前，这样会在单位时间内给予学生最大容量的信息"冲击"。在虚拟情景中激发求知欲望。多媒体以其特有的功能，可创设贴近学生生活的教学情景，让学生感到这些事就发生在自己身边，唤起学习兴趣。因此，在教学中要不断地借助现代教育手段设计问题情境，使学生产生"一波未平，一波又起"之感，促使其自始至终都能主动参与学习活动，增强学生学习的自主性，唤起学习欲望，提高教学质量。

6. 加强文本与生活的整合

我们都知道，文字来源于生活并高于生活，如何让抽象的文字再现生活的精彩，就需要在文本和生活之间架起整合的桥梁。这个桥梁就要努力营造一个学生自由活动的氛围，学生可以上台讲，可以上黑板书写，可以离开座位请教，可以自由组成讨论小组。引导学生利用头脑中的知识映像，通过多种形式的演练，让学生多种感官参与学习过程，形成深刻印象，从感性认识飞跃到理性认识。比如我教学《雪地里的小画家》《哪座房子最漂亮》《陶罐和铁罐》《壮丽的祖国山河》《鸟的天堂》等课文的时候，都会组织班上的学生进行图文结合的语文综合实践活动——"画画"。也许有人会说，这不是不务正业吗？语文教师怎会上画画课？但是我想：对于学生来说，还有什么比学习的兴趣、个人的好奇心更有意义的呢？文中字里行间呈现的一个个画面、一道道风景、一位位栩栩如生的人物……让孩子通过绘画的方式来理解，这既是语文学科的任务也是艺术气息的提升。孩子们现在缺少的不是知识，而是艺术的气息和想象力。孩子们的作品有力地证明了这一点。感悟教材——合作交流——实践探究，让文本和生活"零距离"，不仅激发了学生的学习兴趣，而且提升了课堂效率。双得益彰！

虽然使用新课程标准实验教材到现在没有多少年，但它的人文性和知识性的高度统一和灵活性、整体性的和谐一致，让每位使用它的教师和学生都受益无穷。单元整合提高了我的课堂效率，而课堂效率的提高，使学生对每篇课文学习目标掌握的时间都缩短了，为学生增大阅读量提供了可能，为实现课程总目标创造了条件。我相信：只要我们做教学中的有心人，针对自己学生的特点，找到合适的方式方法，发挥教材的长处，整合教学，就能最大限度地提高我们的课堂效率。

参考文献

[1] 周咏征.整合和优化课程资源提高课堂教学实效性[J].学园：学者的精神家园，2010，（22）.

[2] 李玲.整合教学资源，优化课堂结构[J].试题与研究教学论坛，2013，（01）.

[3] 周暑明.整合教材内外资源 提高语文教学效率——浅谈"使用教材"的艺术[J].中学语文教与学（上半月·高中读本），2009，（06）.

[4] 李敏华.整合资源应用 提高教学效率[J].福建教育学院学报，2015，（16）.

[5] 刘建清.整合多媒体与语文资源，提高阅读教学效率[J].中小学电教（下），2014，（4）.

[6] 付寒颖.整合多种教学资源，提高音乐教学效率[J].学周刊：上旬，2015，（06）.

[7] 于红艳.论多媒体与教学的有效整合[J].成才之路，2015，（20）.

[8] 佘全友.优化教学资源，提高课堂效率[J].试题与研究新课程论坛，2013，（19）.

［9］王书林.整合教学资源［J］.教育，2014，（10）.

［10］胡燕萍.古诗文教学中如何整合教学资源提高课堂效率［J］.语数外学习：语文教育，2013，（12）.

［11］李岚.科学整合教学资源，提高思想政治课堂教学效率［J］.教育实践与研究，2010，（06）.

［12］邓建恩.整合多媒体教学资源，提高语文课堂教学效率［J］.学周刊A版，2014，（03）.

［13］叶增喜.整合课程资源 提高教学效率［J］.教学仪器与实验，2010，（11）.

［14］刘洁颖.整合现代教育资源提高阅读教学效率［J］.中国教育技术装备，2012，（34）.

［15］周兰桂.整合教学资源创新课程体系——论《语文》作文课程、教材与教学的整体创新［J］.湖南社会科学，2005，（3）.

浅谈智慧教师思维方式

广州市黄埔区新港小学　梁翀华

孩子的管理和教育往往需要教师高品质思维的力量介入。管理一个班级或者教育学生，每位教师有自己的方法，那么不同的方法是由什么决定的呢？是教师的思维方式。思维方式不同，那么导致的结果也不同。只有把握科学的思维方式，才能不断提高教师工作的效率和效果，进而实现"智慧教育，高效课堂"。本文将对教师现代思维方式进行简单的归纳分析，并对现在存在的某些思维方式提出思考。

一、"师爱"为前提

教师的根本任务是什么呢？教书育人。我认为，教育首先是人与人的交往，人对人的影响，因此教师应该首先是一名教育者，再为一名学科教师。"师爱"应当贯穿于班级的整个管理过程，应当贯穿于教师的整个教学生涯。何谓"师爱"？它首先体现为尊重、理解、平等、宽容、关心等基本的素质。只有用真挚的情感来与学生沟通，师生之间才能构建一种平等和谐的师生关系。只有真诚的爱，方能春风化雨。教师的工作应当以"师爱"为前提，一切为了每一个学生的发展。

二、科学的思维方式

班级管理以及教育学生仅仅从感性的角度来开展吗？不错，爱能办成很多事情，但是盲目的爱却往往会办错很多事情。班级管理以及教育学生不仅需要感性思维，其实更需要、往往也更缺乏一种科学的理性思维。教师的工作应当以"师爱"为基础，给日常的管理工作注入理性思考，才能使班级管理和教育更高效更科学。

（一）研究性思维

班级或学生出现问题了，教师首先会做什么？想解决方案？想完解决方案呢？怎样才是把问题妥善地解决了？面对问题的出现，很多教师所考虑的是如何在最短的时间内平息问题。然而教育是长期性的工作。那么这其中必然会忽略很多重要的因素。比如说，学生的情绪、产生问题的根源，等等。很多教师往往直接考虑到"怎么办"，而跳过深入地进行思考"为什么"这关键的一步。

这种以"感性色彩"为主的管理，缺少横向的扩展性询问，更缺少纵向的历史性追寻。我认为，这是一种缺乏研究性思维的表现。事实上，只有弄清楚了"为什么"，才能找到一把钥匙，找到问题的根源，妥善地解决问题。从另一个角度而言，问题不仅仅是问题本身，它有着巨大的潜在价值。在这个班级里会出现的问题，那么谁能保证类似的问题不会在其他班级、以后的班级中出现呢？换言之，这是一种宝贵的教学资源。作为教师，应当有这样一种教学相长的意识：学生本身就是丰富的教学资源。

这就要求教师必须具备研究性的思维方式，通过主动调查、观察班集体以及学生个体等方式了解情况透析问题，做好具体的有针对性的规划和设计，并基于现实情况寻找促成学生成长的可能性，引导学生找到属于自己的最好的发展道路；同时也要形成一种研究性的意识，不断积累教育经验。

（二）多维性思维

对学生进行多方面、多角度、多因素、多变量的系统考察，就是思维的多维性。这种对学生从各个方面进行的综合研究分析，也是人们常说的立体思维。

班级和学生的问题不仅是一种因素的作用，往往是多种因素的相互作用的结果。社会影响？家庭影响？学校本身的风气？教师？班集体？班级群体或学生个体本身最近发生了些什么事情？要了解一件事情的起因，需要把学生放到整个系统的环境中从多方面进行综合考虑和把握，方能得出一个比较全面的科学的结论以及针对性较强的解决方法。

作为教师，不仅仅要留心观察学生的各种表现，更重要的是透过表面现象看到本质问题。运用多维的立体思维，以横向的扩展性询问与纵向的历史性追寻相结合的方式，才能更有针对性地解决班级所出现的问题，才能更科学地指导学生未来的发展方向。

（三）创造性思维

教育工作是一种创造性的工作，针对不同班级不同学生的不同情况，需要采取不同的方式进行管理教育。杨文荣先生在《教师de思维方式》中说道："创造性思维是指从新的思维角度、程序和方法来研究各种情况、处理各种问题，从而产生新成果的思维过程、思维活动。"

学生的思维处于一个尚未定型的阶段，不能很好地控制自己的情绪，加上处于叛逆期的学生有一种对抗心理，种种因素决定了教师在班级工作实践中不能使用一种固定不变的模式。无论教书或是育人，多种的教学方法并用，方能保证一个班级的活力，更有利于班级的管理。这也向教师提出了更高要求：创造性思维建立在研究性和多维性思维的基础上，多种思维并用才能有针对性地采取有效的班级管理和教育措施。

（四）理解性思维

理解性思维指的是从学生的角度来考虑问题，根据学生特有的思维方式和心理特点进行相对应的教育，以缩小师生之间的方位差，降低学生的对抗性，增强教育措施的有效性。

教师不能自以为是想当然地帮助学生做决定，也不能仅仅是简单的责骂或是提要求，而应该进行换位思考，用学生能够接受的方式进行教育。

"师爱"首先表现为尊重和理解。学生是一个独特的个体，有自己的想法，需要关爱和理解，教师要学会倾听学生的内心，与学生在平等的位置上进行协商沟通，努力走进学生的内心，从而更好地帮助学生找到方向。将心比心，从而引起情感的共鸣，让师生之间更容易实现心理沟通。

（五）引导性思维

学生之所以为学生，是因为其身心发展尚未成熟，作为教师应该以宽容的心态对待学生的错误。从另一个角度而言，错误也是对学生进行教育的重要素材之一。

学生犯错，怎么才能使学生意识到错误并改正呢？有些教师选择搬出许多大道理进行苦口婆心的"说教"，有些教师选择"恨铁不成钢"的大声责骂，有些教师选择"认错型"教育：让学生信誓旦旦写检讨、写"保证书"……

有些教师会说这样一句话："你自己好好想想应该怎么办！"事实上，教师应该扮演一个引导者的角色，提供具体的建议，使学生找到适合自己的发展方向，向真善美的方向不断提升自我。

有些教师则帮助学生把学生应该自己去做的事情做完，其实这也是没有把握好引导的"度"的问题。魏书生认为，学生能办到的事情教师就坚决地不办。教师应该帮助学生独立起来，正确认识错误，对自己的错误负责，而不是作为一个"代办"事情的"保姆"。

教育不应该是这样的。对于学生的错误，一方面，应该点化学生帮助他们认识到自己所犯错误的严重性和可能会带来的后果，更重要的是，给予学生具体的朋友式的"支招"，引导他们正确对待错误。另一方面，教师不应该忽视对学生的心理辅导和情感教育，以此优化学生的行为。

另外，写检查或是下保证将会让学生形成一个机械的模式，再者，这种"认错型"的教育真的代表学生认识到错误了吗？关键不在于认识错误，而在于帮助他改正，教育是为了让学生得到真实的提高。教师可以综合运用教师本身、班集体的力量、学生自己向善的各种内在和外在的因素帮助学生，给学生寻找实现自我价值的机会。与此同时，教师应该多一双眼睛，关注学生的成长进步并及时给予肯定，强化其正确的行为，引导学生培养正确的行为习惯。

（六）过程性思维

对学生的评价应该是多元的，不是简单的数字能够衡量的。教师不应该仅仅关注最后结果，更重要的是在过程中带着欣赏的眼光去发现学生身上的闪光点，发现学生有价值的品质，关注学生的成长，提倡"赏识教育"。相对于横向比较，教师更应该注重的是纵向比较，即在学生本身的基础上进行评价，多元评价标准不仅是评价标准的多元指向性，也包含着这样一种深意：对于不同学生有不同的评价标准。

教师也应该以一种超前性思维，着眼于学生未来的发展，以一种未来意识培养学生的可持续发展能力和素质。

教师的工作不仅仅只是教书，更重要的是育人。教师工作，确切地说，是一门智慧的艺术。

教师思维方式的转变是教师专业化的一个很重要的方面。那么，教师思维方式又是由什么因素决定的呢？其影响因素主要是价值标准、思想观念、思维视野。究竟如何培养这些现代思维方式的形成呢？首先，教师要提升自己的思维品质，形成科学的思维习惯，在教育实践中学会总结经验教训，成为一名反思型的教师。其次，开拓思维视野，关注教育动态，不断更新自我，同时多阅读教育类资料，从优秀的教育案例中感悟多种先进的教育思维。综合多种先进的现代思维方式，在教育实践中不断实践不断反思，教师的专业化能力才能不断提升。

参考文献

杨文荣.教师de思维方式［J］.中小学管理，1990，（6）：34-36.

关注盲点：倾听男孩的声音

广州市黄埔区新港小学　林穗莉

案例描述

记得几天前，学校进行大课间活动操练，听到女班长汇报几个男孩子不认真，故意捣蛋。我顿时火冒三丈，心想：这几个家伙又在捣乱了，看我怎么"修理"他们。于是我让他们在操场上重做几遍。在操场边，他们几个一边重做动作一边眼圈泛红。我奇怪：这群"调皮蛋"平日怎么批评都"坚强不屈"的，今天怎么会如此委屈呢？是不是在装可怜呀？

来到他们面前，学生×一见到我就按捺不住了，气呼呼地跳到我面前，说："老师，我觉得您不公平，其实今天女孩表现也不比我们好，为什么你不批评女孩，只批评男孩？"

按平时，我一定认为他这是在推卸责任，肯定会一股脑地批评他为什么不从自己身上找原因。可此时，看到男孩们都紧握拳头，心中似乎有许多怒火，我决定静下心来仔细倾听他们的心里话。"当时老师在开会，班长反映你们男孩表现不好。"我平静地回答。

"肯定啦！班长是女的，女的都会偏帮女的。"×愤愤不平地说。

另一男生也站起来解释道："老师，其实那些女同学在老师面前总是表现得乖乖的。今天在跳兔子舞时，我们男孩子在外圈跳，到变换花样时轮到我们男孩子进内圈，但女孩子故意不让我们进，一位女同学还一脚踹到我大腿上，我都没还手。其他女孩就用语言来攻击我们其他男孩子，所以男孩子就跳得很乱。"

"是呀，是呀！"几个男孩委屈地边擦眼泪，边把企盼的目光投向我。

原来如此，男孩们的话深深地刺痛了我。为什么自己一开始会习惯性地认为这是男孩子的错呢？

案例反思

儿童在成长过程中，同伴作为一种重要的安全感来源，对于儿童的健康发展具有重要的意义。同伴之间只有在地位平等的基础上才能获得学习技能和交流经验的机会。在小学阶段，小学生各种高级情感开始迅速发展，并在小学生的情绪生活中明显地表现出来。小学生产生的委屈、愤怒的情绪经常源自于同伴交往中或在学校情境中受到的戏弄、讽刺、不平等待遇等原因。

1. 打破思维定式

从儿童身心发育来说，男孩明显要滞后于女孩。一般来说，小学阶段，女生比较文静、乖巧，又听话，班上成绩比较好的也大多数是女生，所以教师总是比较喜欢女生；而男生好奇心强，调皮，自制力较女孩子差，犯错误的机会多。这种思维定式常常会使教师在处理班上学生问题时，出现偏袒现象。记得一次浩铭和同桌晓晴闹矛盾，我明显袒护了晓晴；还有一次几个女孩子来向我哭诉陈越欺负她们，我也没细问就把陈越批评了一顿，事后在一篇日记中我才看到了事情的真相；尤其是那次，班里不见了钱，我第一时间就怀疑起班上那几个捣蛋鬼……

在"最喜欢什么样的教师"的调查选项中，喜欢和蔼可亲、相信学生，公平公正、一视同仁的教师的学生占了43.3%。其实每个孩子心里都有一把秤，男孩也需要理解和尊重。作为教师需要反思一下，是不是该用固有印象评判所有男生，造成不公正的印象，从而带来一些恶性循环——让男孩子越来越不愿意表现出真实的想法，间接地也越来越弱势。

2. 扫清视角盲点

据不完全统计，在小学阶段女孩子大多表现得过于强悍甚至霸道。男生对于班上女生的印象基本是："霸道""不太喜欢"。造成这种现象很大的原因是教师的偏袒。上海某小学对各年级学生干部、三好学生、积极分子的男女比例做了统计，发现男女的比例分别是大队委员1∶8，中队委员1∶5，三好学生

1∶5，各类积极分子1∶6。可见女干部多，当教师不在时，通常会让女班干维持秩序，而很多时候女生就会"欺负"男生，她们经常是看哪个男生不顺眼，就把他名字写在黑板上，一堂课下来，黑板上全是男生的名字。每次处理纪律性方面的问题时，教师对男生总会更严厉些，对女生则会更呵护些。尤其是指责或批评时，男孩的感受、情绪和想法往往被忽视。反正一有事告到教师那里，男孩子若辩护，教师会批评他狡辩、不大气，男孩子总是吃不了兜着走，没少挨批评。于是女孩子利用教师教育的盲点，不失时机地显示她们的优势，让男孩长期处于相对压抑和委屈中。在对待女生和男生时，教师没有站在公平的起跑线上处理问题，久而久之，学生会在心理上拉开与教师的距离，其教育当然不会让学生信服。

于是第二天，我瞅准课间玩耍的机会，把他们几个男孩招呼过来，放下平时那副严厉的面孔，亲切地跟他们闲聊起来："怎么样，今天心情好些了吧，不感到委屈了吧！"几个男孩子相视而笑。我趁机开导起来："其实呀，在老师心目中，不管你是男孩还是女孩，我都一样喜欢、一样关心、一样爱护，犯了错也一样对待。相比女孩子，老师更喜欢你们男孩子，因为你们不计较，做事又积极主动，心胸又宽广，而且又坚强，在这些方面，你们比女孩子强多了。"×脸上绽开了笑容，迎上前对我说："谢谢老师，我知道你这样爱我们男孩子，我们就很开心了，我们男子汉大丈夫，是不会跟女孩子'一般见识'的。哈哈！"男孩们个个眼里流露出幸福的喜悦，看着他们绽开的笑脸，我的心才感到一阵轻松！及时的沟通，打开了男孩子的心结，在他们心目中，更需要有人站在他们的角度去理解，并尽可能公平地化解矛盾。

3. 转换角度，宽容以待

在日常的班级管理中，教师常常会不自觉地用女孩子的标准来要求男孩子，希望男孩子也乖巧、听话。其实男孩子特别喜欢探究，不管该做的或不该做的事情，能做的或不能做的事情，他们都要去尝试一下，这样，自然犯错误的机会会更多些。一位教育专家曾说过："孩子应该就是在不断地犯错误过程中成长起来的。这是他们的心理特点决定的。"

男孩子身上的很多特点，是优点，还是缺点，往往在于我们如何看待它。

例如，在小学校园中，我们经常会看到男孩之间嬉笑着相互追赶、打斗，这往往被教师看成是违反纪律，但假如换一角度看，这恰恰是一种社会性很强的活动。男孩可能是通过这种游戏行为确定同伴间的支配关系。通过这类型的游戏，男孩可以在挑战同伴权威地位之前评价自己和他人的力量。同时，他们也可以以这种方式来展现自己的力量。到青少年期，随着儿童身体发育的成熟，身体上的个体差异日益明显，打闹类游戏也日益减少。

其实教育无小事，孩子许多行为的背后都是有原因的，作为教师要打破思维定式，学会换位思考，多聆听、多理解、多体会，这样才能真正读懂学生。

如何指导小学生写好作文

广州市黄埔区新港小学　杨巧雅

小学三年级的学生开始学习写作文，但在这之前，学生从未接触过作文，可以说小学三年级是写作文的启蒙阶段，是尤其关键的一个阶段。那么，语文教师如何充分发挥教师的主导作用，指导学生写好作文呢？

现在从以下几个方面，谈谈自己的看法。

一、激发学生的写作兴趣

俗话说，"兴趣是最好的老师"。通过各种方式激发学生的写作兴趣能使学生较快进入角色，克服作文"恐惧症"。

首先，给学生创设一个愉快、轻松的学习环境。比如，在写写景的作文《美丽的校园》的时候，我就利用课堂上的时间，带领孩子们去校园的各个角落进行参观，每到一处指导学生进行仔细观察：你看到了哪些景物？你想到了哪些优美的词句？参观结束后回到教室再进行交流：校园中令你印象最深的是哪一处？通过与同学的交流，大家都有了不同的收获，这时再进行写作，孩子们就有话可写了。其次，创设写作情境，激发学生的写作兴趣。学生初学作文，最大的难题是"没东西可写"，教师必须循序渐进地引导学生解决这个问题。为学生创设写作情境，如预先布置学生去观察某一特定的景物，或参加某一次活动，或记述熟悉的某一个人，这样学生就有话可说，容易完成作文。又比如，我们学写叙事的作文《记一件有趣的事》，我就邀请我们班的家长一起上课，让来上课的家长每个人带一瓶泡泡水，在课堂上为孩子们吹泡泡，孩子们高兴极了，这时我趁热打铁，请一个孩子上讲台吹泡泡，提出要求让其他的孩子观察他的神情、动作以及吹出的泡泡的颜色，形状，把自己的所见所想所感进行全班交流，这时课堂气氛活跃，孩子们踊跃发言，教师有序地把一些关键词写在黑板上，同时也让孩子们养成随手做笔记的好习惯。最后，在作文命题上，除做到切合学生生活实际和具有启发性外，还应遵循"由易到难，由小到大"的规律。如写同一假日等街景，可分别提出《欢乐的人们》《美丽的街灯》等小题目，让学生克服"无从写起"的困难。

二、培养学生的观察能力，指导学生留意生活

什么是观察？所谓观察，就是用眼睛去看。要远"观"近"察"，事事留心，时时注意，并养成一种习惯。莫泊桑在总结自己的创作经验时说："对你所要表现的东西，要长时间很注意地观察它，以便发现别人没有发现过和没有写过的特点。任何事物里，都有未被发现的东西……"鲁迅也曾说过："留心各样的事情，多看看，不要看到一点就写。"这是鲁迅长期创作的经验总结。由此可见，要想写好文章必须重视观察事物，提高观察能力。记得有一次，班上有一位男生欠交作业，我站在他的课桌旁，他非常紧张，转过身翻书包，低下头翻抽屉，我不动声色，气氛很紧张，全班所有的同学都盯着他，他翻了好一会儿没有找到作业本，终于放弃了，满脸通红，头埋得低低的，这时我让孩子们都说说，你们刚才观察到了这位同学的哪些动作和神态，孩子们畅所欲言，这天布置的小练笔也完成得非常好，再也不愁无话可写了，因为他们明白了，只要留心观察，生活中处处都会有收获。

三、平时教学中指导学生赏词析句，学会积累

"读书破万卷，下笔如有神"说明了"积累"在写作中的重要性。首先在平时的课堂教学中，教会孩子们学会赏析词句，然后在课余阅读中，让学生准备一个积累本，专门积累好词佳句，建立一个"词汇库"。

提高学生的写作水平是我们每一位语文教师永恒的追求，让我们一起去探索作文训练的新方法，开创作文教学的新局面。

迈向新课程标准

——浅析如何进行创新思维能力培养

广州市黄埔区新港小学 陈国针

新课程标准强调教学过程是师生交往、共同发展的互动过程。在教学过程中要处理好传授知识与能力的关系，注重培养学生创新性、独立性和自主性，引导学生质疑、调查、探究，在实践中学习，使学习成为在教师指导下主动的、富有个性的过程。而教师亦应从以往的单一的数学知识传授者的角色，逐步向数学学习活动的组织者、引导者和合作者的角色转换。学生亦从以往的被动的角色渐渐转为学习活动的主人翁。得到更多的自主探索、合作交流、积极思考和实践操作的机会，这又往往离不开学生本人的创新思维能力的培养。

创新思维是一种有创见的思维，它是人类的最高级思维活动。创新思维的结果，往往会发现新的方法、新的规律或新的科学。

随着科学技术的迅猛发展和培养人才的需要，现代数学教育越来越重视对学生创新思维能力的培养。如何进行创新思维能力的培养呢？

一、引发兴趣，激起探索欲望

爱因斯坦曾经说："兴趣和爱好是最大的动力。"学生有了对数学思维的兴趣和爱好，就会"带着一种高涨、激动的情绪从事学习和思考"。这时，如果教给学生科学思维方法，就能收到事半功倍的效果。

爱美之心，人皆有之。在数学教学中，应当恰当地把握学生爱美、追求美的心理特征，利用数学中的语言美、知识结构美、图形美和思维方法来感化学生，激起他们对数学的爱。学生有了这种爱好，就会乐于遨游数学科学的迷宫,感受教学的快乐。

例如:在教学三角形的知识时,让学生联想有哪些美丽的三角形建筑物。可能有学生联想起香港的中银大厦上有三角形形状的图案。教师应立刻抓住这一契机,马上问:那么为什么用三角形图案?利用三角形的图形美来激发起学生的求知欲。这样,在学习三角形的特征时,就变得得心应手了。学生心里就有一种创造的心理意欲。

心理学指出:在人的心灵深处,都有一种根深蒂固的需求,那就是希望自己有朝一日成为一个发明者、研究者或发明创造者。在数学教学中,应当经常有意识地穿插介绍一些科学家如何利用创新思维这一武器,去揭开人类社会和大自然的奥妙而取得惊人的成就的事例。把学生这种潜在满足需求激发出来,使学生产生掌握创新思维的欲望。

还可以有目的地给学生设置一些"障碍",然后启迪学生积极思维,大胆探索,使"障碍"最终得到解除。这样不仅可以使学生能够尝试创造和胜利的喜悦,而且还能使学生始终保持旺盛的进取激情。

二、注重"双基",加强认知结构积累

因为创新思维需要学生把学过的数学知识、思想和方法,按照自己理解的深度、广度,结合感觉、知觉、记忆、联想和习惯等知识特征,在头脑中形成一个具有内部规律性的整体结构,这是一个具有内部联系的认知结构积累。这样个人积累的量越大,联想、类比和想象的领域就越广,从而得到创造的机会就越多。所以对学生的创新思维能力的培养应当建立在"双基"教学的基础上,这要求学生具有扎实的基本功,否则,培养学生的创新思维能力就会变成无本之木,无源之水。但是,这并不等于说有了"双基"后再进行创新思维能力的培养,而应当在进行"双基"教育的过程中就予以渗透,使二者相辅相成。

例如:要加工810个零件,甲单独做要15天完成,乙单独做要用10天完成。现在甲、乙两人合作,需要几天完成?

按常规解法,先分别求出甲、乙每天加工的零件后,再求出甲、乙合作每

天加工的零件数，列式为810÷（810÷15+810÷10）。亦可以采取启发方式让学生用工程问题的解题思路解答，列式为 1÷（1/15+1/10）。通过两种方法同样可以求出问题，诱导学生积极思维，探索寻求解决问题的途径和方法。这样既使学生学到了知识，又锻炼了学生的思维能力，也正是今后要着力培养创新思维能力的基础。

三、授之以渔，培养思维的独立性和联动性

思维的独立性往往体现在能独立思考问题，善于发现和解决尚未发现和解决的问题，能自觉研讨获得新知识。教学中可以采取现代的教学法，如"发现法"和"导学探究教学法"等，教给学生自学的方法和发现、探究的方法，使之在认知和探究的实践中逐步培养自己的自觉能力、独立思考能力，但是能不能以此满足，还要做一些具体的诱导工作：可以先出示一些典型例题，再交给学生一些感性材料，在学生熟悉这些材料的基础上适当地给予提示，使规律性的东西时隐时现。这样便于学生在独立思考时生成疑团，产生独立探索的欲望，继而寻求解决问题的规律和方法。

例如，简单的一道口算：188.4÷0.628，学生惯用竖式去计算它，但是遇到是口算时就没有那么多的时间去列竖式计算。那么就应该在这时提示学生动脑筋：试用6＝18.84，2＝6.28的两个值去推断进行口算。188.4即60，0.628即0.2，60÷0.2＝300。如此一来结果就很容易得出。今后学生再遇到类似的问题，就会运用这种规律解题了。

让学生在学会独立思考的基础上，去发现解题的规律和方法，及时引导学生将所学的知识自觉串线归类，加强记忆，再通过出示一些综合性练习题启发学生可纵向，可横向，亦可逆向地联想。从知识结构的不同方向去寻觅解决问题的最优方案，以培养学生思维的独立性和联动性。

四、开拓思路，诱发求异性和发散性思维

曾有一位专家教授指出："详细来说，任何一位科学家的创造能力，可以如下的公式来估计：创造能力＝知识量×发散思维能力。"从这里可以看到培

养学生发散思维能力的重要性。为了培养学生的去异性和发散思维能力，可以向学生出示一些具有多种解法的题目，要求学生利用多种方法去解，以引导学生广开思路。

例如：一个果园有苹果树和雪梨树共180棵，雪梨树的棵数是苹果树的$\frac{1}{5}$，雪梨树与苹果树各有多少棵？

该题出示后，可对学生做如下暗示：本题有多种解法，通过让学生去思考，去探索，得出多种解法。可能会出现以下解法：

解法1：1+5=6

$180 \times \frac{1}{6} = 30$（棵） $180 \times \frac{5}{6} = 150$（棵）

答：苹果树有150棵，雪梨树有30棵。

解法2：

解：设苹果树为x棵。

$$x + \frac{1}{5}x = 180$$
$$\frac{6}{5}x = 180$$
$$x = 150（棵）$$
$$150 \times \frac{1}{5} = 30（棵）$$

答：苹果树有150棵，雪梨树有30棵。

解法3：180÷（1+5）= 30（棵）

1 × 30 = 30（棵）

5 × 30 = 150（棵）

答：苹果树有150棵，雪梨树有30棵。

学生用多种解法都能解出该题，应当鼓励学生拓展思维，灵活转移思考角度，优化思维，巧妙解题，解题的方式方法得到充分锻炼和加强。

本题如果再将第二个条件改为"苹果树比雪梨树多120棵"，这样就把学生的思维引导到一个更为广阔的天地。学生在求解过程中求新、求速度、求最佳，培养了学生思维的广度、宽度和深度，亦摆脱题型的束缚，思路广阔，解法灵活、简洁，会充分体验思维优化。当然，这些解法和变化已是人家的研究成果，但是，这对于初学者来说，也应算是一种创造，亦有利于学生的创新思维能力的培养。

五、激励猜想，企求高效性思维

要培养学生的高效性思维，就必须讲究思维的效率和速度，不能如常规那样按部就班地"迈方步"。必须使学生的思维保持一个较大的"跨度"，有一种敢于超越的思想。为此，要适当安排有一定难度的练习题，在提供恰当的材料后，就"推波助澜"，使学生的思维活动保持"生动"和"奔放"。有意识地培养学生的直觉思维，鼓励猜想，启迪学生的"灵感"，促使其"顿悟"，使思维活动不断地产生质的"飞跃"。

例如：一个图形（如图1）阴影部分的面积是16平方厘米，这个图形的面积是多少平方厘米？

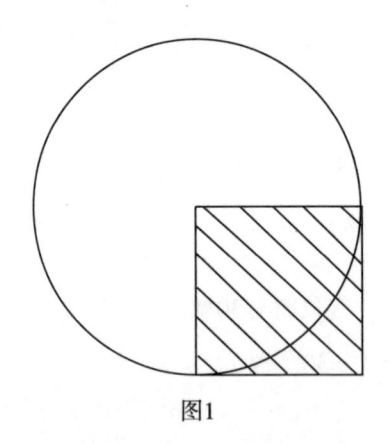

图1

大部分学生在解题时爱走"老路"，先求半径，再求圆的面积的思路。这时，应当给予学生提示和鼓励，让学生去联想和猜想。想圆的面积公式 $S=\pi R^2$，再想，知道圆的半径，固然可以求出圆的面积，要是知道了圆的半径的平方，能求得圆的面积吗？（学生很少接触这类型的问题）"对啊，因为 $R^2=16$，不是只要在 R^2 面前再乘上π就是圆的面积了吗？"为此不少学生心头一亮，精神大振，马上列式：

$S=\pi R^2$

　　$=3.14 \times 16$

　　$=50.24$（平方厘米）

答：这个圆形的面积是50.24平方厘米。

深受困惑并付出辛劳之后的成功分外令人愉悦。这样美妙而全新的思路在教学中相继运用，对促进学生的思维发展和能力提高无疑是极为有益，亦可大大提高解决题目的效率。

当然，让学生明白：猜想可以引发创造，但猜想的结果并非完全是真理，继续猜想后，一定还要对猜想做出证明。而培养创新的思维能力应要大胆创新，不循常规，不拘常法，开拓创新，这种思维在当前小学教学中应力图有所表现，并会大放光彩。

心理学家指出，小学生的年龄段正是处于创新思维的培养期，为了不失时机地培养学生的创新思维能力，必须改革传统的、封闭的教学模式，取代新的教学方法：自觉地运用教育心理规律，不断开发学生的智力；还要使每一位学生懂得，数学的发展并不是简单地承袭，而是在新的实践基础上，不断启发、诱导、教育学生乐于探索，勇于探索，善于科学地实践，提倡和培养学生的创新意识，将会有力促进学生创新思维能力的发展和提高，促使学生以实际行动去攀登数学科学的高峰！

（摘科学家爱因斯坦的观点约占全文的0.1%）

促进小学数学自主学习的课堂管理策略的研究

广州市黄埔区新港小学　唐浩鹏

科学有效的课堂管理不仅能提高教学质量，而且能够促进学生健康全面发展。自主学习作为一种有效的学习方式，不仅有利于提高学生在校学习成绩，而且是个体自身发展的基础。可见课堂管理与学生的自主学习具有密切的关系。在新课改的环境下，小学数学课堂如何进行有效管理，促进学生自主学习，是小学数学教师应该认真思考的问题。

从课堂管理学习中我们发现教师们已经充分认识到自主探索学习的重要性。然而，在目前数学教学中的许多自主学习往往存在"注重形式，忽视实质，缺乏实效"的现象。学生参与学习活动多数是被动的，剖析其原因主要有三类：

（1）学生不敢自主参与学习。主要指的是教师的教学观念、组织自主学习的能力、调控自主等观念导致学生的参与只是停留在表层，只是一些机械模仿式的简单运用。由于学生不敢说，也就难以暴露其思维过程，学生的创新意识受到压制。

（2）学生不愿自主参与学习。在课堂教学中我们常看到这样的现象，那就是教师布置自学或讨论内容时，很多同学消极参与，被动地等待教师讲解。反正教师肯定要讲，又何必费尽心思想答案，长此以往，学生自主参与学习的意识日渐淡薄，消极等待思想逐步抬头。

（3）学生不会自主参与学习。要让学生自主开展学习活动，首先必须具备自主学习的方法，比如自学课本，掌握倾听、发言、讨论、交流、争论、阐述等自主合作学习交流的技巧。

数学课程标准强调：有效的数学学习活动不能单纯地依赖模仿与记忆，动手实践、自主探索与合作交流是学生学习数学的重要方式。教师应激发学生的学习积极性，向学生提供充分从事数学活动的机会，帮助他们在自主探索和合作交流的过程中真正理解和掌握基本的数学知识与技能、数学思想和方法，获得广泛的数学活动经验。

由此可见，在新课程理念的指引下，教师在课堂上应当充分重视学生自主学习能力的培养，通过课堂管理促进学生自主学习，引导他们用科学的方法主动探求知识、敢于质疑问难，使之成为个性得到充分发展的学习的主人。为了促进学生的自主学习，教师可以采用如下课堂管理策略。

一、明确学习目标，促使学生自主学习

明确学习目标，能置学生于学习的主体地位，使他们明确课堂需要掌握的内容和需要达到的目标，从而更有利于他们有目的、有计划地主动参与学习活动。故而教学时，教师不仅要让学生明确一节课的总体目标，还应该让学生明确每个教学环节的具体目标，使学生有方向、有"奔头"，进而促使他们自觉、主动地参与学习。例如在教学《分一分（分数的初步认识）》时，学生已认识了整数和小数，教师可以开门见山地提问："关于分一分这个内容，你想学习什么？能提出什么问题？"让学生进行充分的思考和交流后，再引导学生梳理出几个有价值的问题，并将这些问题转化为学习目标：

（1）结合具体的情境和直观操作，初步理解分数的意义，体会学习分数的必要性。

（2）会用折纸、涂色等方式，表示简单的分数。

（3）学会分数的读、写，从中感受分数与平均分的内在联系。之后，教师启发、引导学生解决问题，达成学习目标。这样，在整个教学过程中，促使学生在学习内容和学习目标的指引下，亲历了质疑、解疑的探究过程，并尝到了成功的喜悦，进而极大地调动了他们学习的积极性，增强了他们自主学习的效果。

二、创设开放空间，鼓励学生自主学习

越是开放的空间，常常越能促进学生自主学习。因此，教师要把课堂有限的学习时间和空间最大限度地还给学生，为学生创造开放的时空，鼓励学生自主地看、说、做、想。创设开放的时空，主要有以下措施：①创设开放的教学情境，如在教学中引入整理房间、购物、参观游乐园等情境，让学生在开放的情境中灵活选择信息，解决问题。②采用多种活动形式，如组织学生进行操作实验、独立探究、大胆猜测、验证推理、合作交流等活动。③鼓励学生采用个性化的策略。由于生活背景、知识水平、思考角度不同，学生在解决问题时往往会采用不同的策略。教师应该强调共性的知识、常规的策略，也应鼓励学生采用个性化的策略，充分展示自己思维的独特性。④拓展课堂学习。教师应充分利用课堂时空，使教学达到最大的效度。但有些时候，课堂目标无法全部落实，此时教师就可立足课堂，面向课外，将课堂活动向课外延伸。教师还可以根据学情，带领学生走出学校，进行实践活动，如探究利润和成本的问题、设计校园绿化方案、组织春游等，鼓励学生在实践中探究，在探究中思考，在思考中发展。

三、注重探究过程，引导学生自主学习

新课程的一个重要理念，就是为学生提供"做数学"的机会。因此，教师在教学过程中要努力呈现丰富的题材、可选择的信息和开放的问题，为学生创设探究的机会，引导学生在探究的过程中体验和经历数学知识的形成过程，提高自主学习的能力。如在教学长方体和正方体表面积的计算时，教师不应将精力放在指导学生套用公式计算上，而应重点组织学生探究表面积的计算方法和公式的形成过程。教师可先呈现一个长方体及其展开图，引导学生理解长方体表面积的含义，认识6个面的特点。接着，让学生将长方体与其展开图相对应的各个部分涂上相同的颜色，了解长方体与展开图的各个面的对应关系。最后，引导学生探究长方体表面积的计算方法，并通过具体实例验证自己的方法。在这样的探究过程中，学生能对长方体的特点进行逐层深入的认识，并结

合面的特点探究出表面积计算公式。这一过程是在教师引导下，学生自主建构知识的过程，能促进学生在掌握知识的同时提高自主探究能力。

另外，还需要强调的是：在引导学生自主探究的过程中，教师应充分利用操作直观形象的特点，通过外化的形式或活动促进学生内部思维的发展。如毫米是一个很小的单位，怎样让学生体验毫米"小"的特点，并形成"小"的表象呢？教学时，可引导学生在测量中感受引进毫米的必要性，并从形的角度对毫米的"小"产生直观的认识。接着通过数一数1厘米有几毫米的活动，让学生从数的角度感受毫米的"小"，并建立起毫米与厘米之间的关系。这样，学生能分别从形与数的角度认识毫米，建立毫米的清晰表象。

四、加强合作学习，深化学生自主学习

如果只有自主学习，没有合作交流，久而久之难免会出现视野狭小、思维僵化等不良现象。教师要处理自主学习与合作交流之间的关系。一般来说，可按"自主探究——合作交流——反思提升"的模式，借合作交流，深化学生自主学习的成果。第一步是自主探究，即学生遇到新问题时，学生独立思考，重点思考要解决什么问题、有哪些信息、哪些信息有效或无效、有效的信息应该怎样整理、解决问题的思路是怎样的，尝试自主解决问题并梳理思维过程。当然并不是每个学生独立思考了，就都能解决问题。但不管他们有没有解决问题，尝试自主解决问题、梳理思维的过程，对提高他们的自主学习能力总是大有好处的。第二步是合作交流。在学生独立思考并整理解决问题的思路后，教师组织学生交流，在交流的过程中，重点关注学生是否能清晰地表达自己的思考，引导学生思考其他同学的方法和自己的方法有什么区别与联系，对自己有什么帮助。自主探究让合作学习"有备而来"，能提高合作交流的效率；合作交流能展示学生自主探究的成果，让学生借鉴同伴的经验，反过来又能促进个体自主学习能力的提高。第三步是反思提升。一方面，反思自己解决问题时获得了哪些经验、还存在什么问题；另一方面，对比在交流时，同学们提出的新问题、新思路、新解法，思考可以怎样改进或丰富自己解决问题的经验。

五、关注个体差异，人人参与自主学习

教师在教学中应采取灵活多样的教学方式，满足不同层次学生的个性需要，使各层次的学生都能获得自主学习的机会，品尝到自主学习的快乐。例如在教学《森林旅游》时，以游戏的形式进行活动，活动前，学生根据他们各自的特长，自报角色，如会表达的担任"推销员"，计算功底好的担任"收银员"，组织能力强的担任"管理员"；也可有意识地锻炼学生的弱项能力，如让生性胆小的做"推销员"，让平时粗心大意的学生做"收银员"。这样的活动，既能让所有的学生都亲历购物中的"买卖"活动，加深对元、角、分与小数相关知识的理解和实际应用，又为不同个性的学生提供了自主学习的空间，增进了相互间的沟通。

总之，自主学习是新课程理念下数学学习的一个方向，是课程标准真正进入课堂的一把标尺。作为一名小学数学教师，我们要认真准确地解读教材，把握教材，引领学生明确学习目标，为他们创设开放的学习空间，注重他们探究知识的过程，加强他们之间的合作学习，关注个体差异，使他们能够"人人学有价值的数学；人人都能获得必需的数学；不同的人在数学上得到不同的发展"。

参考文献

[1]成尚荣.新课堂需要什么样的纪律［J］.课程·教材·教法，2004，（7）.

[2]许家清.论小学课堂管理策略［J］.中国校园导刊，2011，（11）.

[3]（美）Vernon F. Jones，Louise S. Jones.全面课堂管理［M］.北京：中国轻工业出版社，2002.

[4]黄魁耀.现代教育学［M］.重庆：西南师范大学出版社，1995.

浅谈如何提高小学三年级数学有效教学

广州市黄埔区新港小学　黄美贞

一、学生心理特点

三年级孩子的年龄一般是9~10岁，在小学教育中正处在从低年级向高年级的过渡期，开始从被动的学习向主动学习转变，具有以下心理特点。

1. 个性差别大

三年级是小学生形成自信心的关键期。他们在接受别人的评价中能发现自身的价值，产生兴奋感、自豪感，对自己充满信心；有的还表现出强烈的自我确定、自我主张，对自己评价偏高，甚至有时"目空一切"，容易导致自负的心理。相反，有的孩子由于成绩不良或某个方面的缺失，受到班级同学的歧视，往往对自己评价过低，对自己失去信心。

2. 情绪不稳定

三年级学生由于生活经验不足，他们在陌生、严肃、冲突、恐怖、约束、遭受指责等情况下，容易产生紧张的情绪，自我调节能力比较差，难以释放心理的压力，这样就容易使他们的心情变坏。他们喜欢与伙伴共同游戏、学习，但情绪很不稳定，容易激动、冲动，常为一点小事面红耳赤，而且情绪变化极大，并且表露在外，心情的好坏大多数从脸上一望便知。

3. 自控力不强

从三年级开始，学生进入少年期，此时会出现一种强烈要求独立和摆脱成人控制的欲望，因此他们的性格特征中也会表现出明显的独立性。同时，随着年龄的增长，他们对外部控制的依赖性逐渐减少，但是内部的自控能力又尚未发展起来，还不能有效地调节和控制自己的日常行为。

二、因势利导激发学生

1. 激发学生想学的意愿

"想学"是有效教学的基础，就是激发学生的学习动机。激发学生学习动机主要涉及两个问题：①我能成功吗？②我愿意成功吗？前一问题是如何使学生认识自我能力，后一个问题是如何使学生愿意参与到学习任务中去。

"我能成功吗？"主要是帮助学生建立自信。自信是想学的基石。每一节数学课开始的5分钟之内，是帮助学生建立本节课内容自信心的最佳时间。教师可以通过中等、中下等的，与本节课有联系的旧知识，引入新课，或者是单刀直入。总之，要让学生在短时间内，从教师简单、清晰的提问或阐述中知道自己本节课的学习目标。并且，让学生感觉自己有信心能够学好。比如，在教学"可能性"这节课时，把孩子们带的物品放进纸盒箱子收集起来，接着提出问题：大家猜猜，摸到什么物品的可能性大些呢？学生们会争先恐后地猜。这时要求孩子在摸完后必须用"可能性大、可能性小、一定、不一定、经常、偶尔、可能、不可能、很多、很少"等词语说说生活中一些事情发生的可能性。这样，教师用"摸"激发学生"想学"的意向，用"说说"向学生提出了学习目标，一摸一说让所有的孩子充满自信。

"我愿意成功吗？"就是学生们是否以饱满的学习热情，积极主动地参与一节课的教学全过程。换言之，就是我们的教学方法是否根据教学内容的不断深入，结合学生的年龄特点，不断变化，让孩子们总有惊喜，总有好奇。比如，在教学"年、月、日"这节课时，我们可以专门设置一个情景：2018年新年就要到了，学校要设计一个年历卡，同学们能否帮帮忙？安静——迟疑——骚动——跃跃欲试（这部分的设计主要是激发学生参与知识再创造过程的欲望）。接着，拿出预先准备好的2017年年历卡，请孩子们仔细观察，并分组讨论：看到了什么？哪些地方相同？哪些地方不同？为什么？这部分的设计让学生主动探索新知，变被动学习为主动求知。接着，请一个小组汇报，其他小组补充或提出疑义，进行辩论。通过汇报、疑义、辩论，学生对年月日的基本知识有了更加清晰的认识，教师及时表扬，不断夸奖，学生对自己形成的知识体系感到骄傲和自豪，真的觉得自己了不起，先人用了那么长的时间探索和研究，自己十几分钟就发现了。这种学习力量是任何语言都无法比拟的。最后，让学生说说设计2018年的年历卡要注意什么。这样设计前后呼应，延续学习情趣。

2. 让学生勤起来。

如何让学生在数学课堂教学中勤起来呢？我们不妨试试培养学生做到"五勤"，即："眼勤、耳勤、脑勤、手勤、嘴勤"。

（1）眼勤：勤观察、细观察，不断总结观察规律，由慢到快。

（2）耳勤：学会倾听，听教师问，听教师讲，听同学说，听清楚，听明白。

（3）脑勤：多动脑子想。想教师问的，想教师讲的，想同学说的。观察到的要想，听到的要想，感悟到的也要想，并且要学会归纳总结，把知识变为自己的实践成果。

（4）手勤：看到、听到、想到、感悟到的都要动手记下来。

（5）嘴勤：学会说算理、说算法、说想法，并能够进行有意义的辩论。

面对三年级八九岁活泼好动的孩子，在40分钟的时间内，让他们"勤"起来，离不开一个"趣"字。兴趣是最好的老师，只要学生感兴趣的，我们都可以试一试。例如在期末考试总复习时，为了避免学生对应用题产生枯燥乏味的感觉，可以把各类题型用故事情节串起来，设计这样的情景：暑假马上就要到了，爸爸妈妈带我们到北京玩，让我们算算：

搭飞机成人每人2000元，小孩1000元，广州到北京一共要多少钱？

2000+2000+1000=5000（元）

如果从北京回广州也搭飞机，交通费共需要多少钱？

5000×2=10000（元）

在北京住宿三天，每天费用400元，需要多少钱？

400×3=1200（元）

在"水立方"游泳馆，看到漂亮的"水立方"和"鸟巢"模型，"水立方"每个200元，"鸟巢"每个300元。我要给两个表哥，一个表姐，还有我自己每人买一个留作纪念，一共需要多少钱？

200×4+300×4=2000（元）

爸爸出门的时候带了18000元，请问够不够？

10000+1200+2000=13200＜18000（元），够！

爸爸回到家还有多少钱？

18000-13200=4800（元）

这次旅游，我们平均一个人花了多少钱？

13200÷3=4400（元）

爸爸妈妈每个月收入共5000元，请问大约要存多少个月，才能保证我们这次的旅游费用？

5000×3=15000（元），13200≈15000（元），大约需要存3个月。

通过上述例子，让孩子们明白，在现实生活中，什么时候用加法，什么时候用减法，什么时候用乘法，什么时候用除法。

三、提高个人教学修养

1. 不要伤害孩子的自尊心

有的学生如果自尊心受到了伤害，比如遭到讽刺、挖苦，受到不应有的干涉，与家长、同学、教师发生矛盾，尤其是当和教师发生矛盾时，他就更不可能把精力专注于学习。

2. 对学生的期望值不要太高

由于教师、家长对有些学生的期望太高，孩子因为没有达到预期目标而产生了负罪感和内疚感，因此也就产生了厌学的情绪，这样也就不能去听教师所教的课程了。

3. 真正走进学生的心灵世界

我们教师没有适应人本教育，没有改正自己的教育观念和习以为常的教学方式和教学行为。同时自己不能以身作则，对学生的爱心不够，所以不能真正走进学生的心灵世界，与学生建立和谐融洽的师生关系。

4. 教师要幽默

学生很喜欢幽默的教师。有的课堂过于死板，气氛过于沉闷，激发不了学生学习的兴趣，这样他更不会去学了。

5. 教师要讲究评价学生的方法

评价很重要，无论是课堂评价还是学生的自评、互评都要准确。课堂上要多鼓励，及时鼓励，肯定评价要多于否定评价；学生之间的评价要把握好，不要使学生的自评、互评变成自我夸耀、自我贬低，或互相进行攻击、互相挑刺，评价要中肯，要切合实际。只有这样，学生才能更专注地投入到学习中来。

6. 教师做学生学习活动的组织者、合作者、引导者和鼓励者

学生是学习活动的主体，教师只是学习活动的组织者、合作者、引导者和鼓励者。教学中要尽可能地根据教学内容和学生实际，准备好充足的学习材料，为学生发挥主观能动性、创造性提供广阔的时间和空间，让学生在自主、自觉、自由的活动中积极、主动、探索式学习。

四、结论

实践证明，在小学三年级数学教学中追求正向有效教学的质量，就是要最大限度地提高"学生紧张的智力活动"，其主要方法是激发学生的学习动机和兴趣，通过学生积极主动地参与数学知识再创造的过程，变被动学习为主动学习，让学生在实践中快乐地获取知识，既学到了知识，又学会了学习，让学生在有限的时间里面获得最大的学习效益，终身受益。

参考文献

［1］白先同.教育心理学教程［M］.桂林：广西师范大学出版社，1992.

［2］邵占凤.浅谈小学数学课堂教学中个性化教学的实施［J］.学周刊，2012，（13）.

浅谈小学数学高效课堂教学的策略

广州市黄埔区新港小学　罗金环

随着高效课堂改革的推进，我们的课堂教学发生了翻天覆地的变化。以往的"师问生答"变成了"畅所欲言"，"师说生听"变成了"自主探索"，学生的个性得到了张扬，教学气氛异常活跃。那么在热闹与自主的课堂上，怎样的课堂教学才算是高效的课堂呢？我认为高效的课堂应该是教师教得轻松、学生学得愉快，是减负增效的一种教学形态，是每位教师不断追求的一个重要目标。下面，我结合自己的教学实践，对小学数学高效课堂教学策略谈几点粗浅的看法：

一、高效课堂首先要重视课前的备课

1. 认真确定课堂学习目标

教师在备课前，应当认真阅读教材、教师用书，对教授内容的三维目标、教材编写特点等要了然于胸，并结合学生的实际制订切实可行的课堂学习目标。所拟定的学习目标要具体、可操作，如果目标过高或过低，都容易使学生失去兴趣，应当处于学生的"最近发展区"，即"跳一跳能摘到果子"。

2. 教学设计要关注学生学习过程

备课是上好课的前提，那么备课"备"什么？教师备课的重要指导思想不是备教师怎样"教"，而是备学生怎样"学"。教师要关注学生的学习基础、学习状态，精心设计学生学习的过程。要充分预设学生学习哪部分内容时困难大，应该如何实施，学生对哪部分内容容易产生分歧或独特见解，如何应对等。

3. 创造性地使用教材

课程改革实施以来，教师们都认识到应该"用"教材教，而不是"教"教材。教师要创造性地使用教材，变"死教"教材为"活用"教材，使课堂教学生动而有效。首先，教师应当在认真钻研教材的基础上，能根据学情和教学需要对教材进行改进和补充，使之更好地为教学、为学生服务。其次，教师要勇于创新，大胆对教材进行"再加工""再创造"，使教材更加切合学生的实际，提高课堂教学的有效性。

二、高效课堂要培养学生良好的自学能力。

对于小学生来讲，最重要的是学会学习、学会思考、学会发现、学会创造，掌握一套适应自己的学习方法，做到在任何时候学习任何一种知识时都能"处处无师胜有师"。为此，教师有必要更新观念，研究数学的智慧，分析数学的方法，在教学中，在学生掌握知识的基础上，教师要培养、发展学生的思维能力。比如，教师可要求学生课前预习——学生把自己不懂的地方记录下来，上课带着这些问题听讲，而对于在预习中已弄懂的内容可通过听讲来比较一下自己的理解与教师讲解之间的差距、看问题的角度是否相同，如有不同，哪种好些；课后复习——学生可先合上书本用自己的思路把课堂内容在脑子里"过"一遍，然后自己归纳出几个"条条"来。同时，教师还应加强对书本例题的剖析和推敲，因为课堂上教师讲的例题尽管数量不多，但都有一定的代表性。教师要研究每个例题所反映出的原理，分析解剖每个例题的关键所在，思考这类例题还可以从什么角度来提问，把已知条件和求解目标稍做变化又有什么结果，解题中每一步运算的依据又是什么，用到了哪些已有的知识，这类题还可以用什么方法求解，等等。数学教学的关键不在改变数学知识本身，而是要改变学生的学习观，教给他们学习的方法，养成良好的自觉学习与自觉钻研数学的习惯，学生将终身受益。

三、高效课堂要充分发挥学生的潜在能力

1. 促使学生积极主动思维，发挥其自主学习能力

课堂教学的关键就是要拓展学生的心理空间，激发学生学习的内驱力，发挥学生的潜在能力，促使学生积极主动思维，充分发挥其自主学习能力。数学学习过程是一个不断地探索和思考的过程。在数学教学中，教师应创设一定的问题情景，使学生有更多的机会去探索和思考，以便发挥其潜在能力，一般地说，数学教科书中的例题是学习的范例，学生要通过例题的学习，了解例题所代表的一类知识的规律和理解方法。但这并不是说，只要学生学会了书本上的例题就可以自然而然地解决与之相似的问题。要做到举一反三，还需要学生有一个深入思考的过程，甚至要经过若干次错误与不完善的思考，才能达到一定的熟练程度。这更需要学生把书本上的知识内化为自己的知识。要达到这样的目的，教师在教学中要结合具体的教学内容，为学生提供独立思考的机会，给学生留有充分的思考余地，让学生根据自己对问题的理解和思维发展水平，提出自己对问题的看法，不同学生的不同方法反映出学生对一个问题的认识水平。学生学习时说出自己的方法，表面上看课堂教学缺乏统一性，但教师从学生的不同回答中可以了解学生是怎样思考的，哪些学生处于较高的理解层面，哪些学生理解得还不够深入或不够准确，并从中调整了教学的内容和方法，以恰当地解决学生学习中存在的问题。由于学生间存在着个别差异，在发问时，学生往往不能说到关键之处。这时，教师应以激励为主，消除学生的惧怕心理，激发他们发问的热情。如果遇到学生没有问题或提不出有价值的问题时，教师应有意识地与学生互换角色，提出关键问题，同时发挥小组合作精神，让学生自由发言，尝试解答。久而久之，学生能够养成一种善于思考、勇于提出自己想法的习惯，这对学生学习新内容、研究新问题是非常重要的。教师如果不给学生提供独立思考的机会，只是让学生跟着教师的思路走，一步一步引导学生说出正确的解题方法，虽然这样可以比较顺利地完成教学任务，但长此以往，学生就会产生惰性。所以，教师在课堂教学中要特别注意为学生创造更多的思考机会，充分激发学生的内在动机，努力发展学生的潜在能力，使学生在

认识所学的知识、理解所学知识的同时，智力水平也不断提高。

2. 创设情境，发展思维

传统的课堂教学一般是教师讲到哪里，学生听到哪里。学生没有思维的空间，没有自我发展的余地，学生学习的有效性自然降低了。学生学习的积极性、主动性，往往来自于一个充满疑问和问题的情境。没有问题的教学，在学生的脑海里是绝对不会留下多少痕迹的，更不会激起学生思维的涟漪。创设问题的情境，就是在教材内容与学生求知心理之间制造一种"小悬念"，把学生引入一个与问题有关的情境的过程。创设问题情境，能给学生提供一种自我探索、自我思考、自我创造、自我表现、自我实现和实践的机会。通过问题情境的创设，使学生明确探究目标，给思维以方向；同时产生强烈的探究欲望，给思维以动力。例如：《十的加减法》课中，学生在操作和交流（同桌交流、组内交流、全班交流）中"创造"出了10的加减法的全部算式。

四、高效课堂要构建媒体型的学习模式

使用多媒体与数学教学相结合，对教师来讲，就是在一定的时间内要完成比原先更多的教学任务和目的。利用信息资源，可以节省教师的备课实践；运用多媒体课件可以加大课堂教学的信息量等。对学生来讲，就是在一定的时间内要学到比原先更多的东西。利用网络资源，学生可以在很短的时间内获取大量的教学信息，提高学习效率；通过多媒体教学可以使学生多种感官并用，加快对知识的理解和记忆。随着教育教学手段的现代化，在一些难点问题的突破上起到了事半功倍的作用。课堂教学实践证明，多媒体辅助教学是一种高层次、高效率的现代教育手段，把它运用到数学教学中，不仅能有效提高学生数学素养、数学计算能力和拓展数学思维方法等智力素质，情感因素、心理素质和精神品格等非智力因素也得到相应的发展，使学生的整体素质得以全面发展和提高。它对学生主体性的发挥，思维能力的培养与发展有着不可估量的影响，为学生的空间想象创造了良好的环境。例如："圆的面积公式推导"是一个相当复杂的问题，运用传统教具很难讲清楚，并且费时较多，而利用计算机模拟剪拼，把圆等分成8份、16份，多次投映，一个复杂的化圆为方，化曲为直的问题在有限的时空内得到妥善解决，得到了圆面积公式，并有机地向学生渗透极限的思想。这样，既有效地解决了教学中的重点，又突破了难点，优化了教学过程，提高了教学效益，有效地激发了学生的学习兴趣，使抽象、枯燥的数学概念变得直观、形象。然而，一味地强调效率的同时，更要注重效益。并不是所有的教学都要借助于信息技术来完成，并不是运用信息技术的教学就一定是好的教学。如果仅仅是把教材内容搬上了屏幕，用投影机来代替黑板，那就是一种不讲效益的整合。在使用媒体课件教学时，要根据课堂的需要合理使用课件，课件始终应服务于教学而不是教学围绕着课件。避免课堂上只把课件从头到尾演示给学生看，感觉像看电影一样。因此，利用多媒体教学时，要以提高教学效率和效益为准则，整合的重点应该放在那些传统教学不便解决或无力解决的教学问题上，放在那些切实需要运用信息技术加以解决的教学问题上。

五、高效的课堂要培养学生良好的习惯

小学阶段正处于培养习惯的关键时期，应在结合上进心培养的同时，让学生形成良好的学习、生活习惯。好习惯一旦形成，学生的上进心也就"定向"了。学生的上进心是教师组织教学能否成功的重要条件之一，所以要致力培养，在培养过程中难免会有反复，我们要善于抓反复，反复抓。在教学中，教师应引导学生以极其认真的态度全身心投入，如认真听讲，积极思考，踊跃回答问题，认真审题，按时完成作业，计算后，要认真检查"一步一回头"，认真书写等，学生逐渐养成了自觉、主动、认真的学习习惯。这些都是高效课堂的基础保障。

六、高效课堂要重视课后的教学反思

课后反思"反思"什么？我认为：一方面是反思教师的"教"。它包括：①总结本课"亮点"、积累成功经验。一节课下来，教师回味课中的成功之处，并且对成功的原因进行分析，总结经验，这样会使自身的教法越来越活，教师水平大大提高。②查找不足的病因，探索对应策略。不是每节课都能一帆

风顺，尽如人意，教师面对自己失败的课（即课堂教学效益低下的课），更应该及时查找失败原因，找准不足之处，并进行分析，找到应对的策略，记录下这些策略，对以后的教学帮助会更大。另一方面是反思学生的"学"。我们的教学始终是为学生服务的，教师在反思时，应当站在学生的角度，审视学生在课堂学习活动中的困惑与问题，或在某一个教学环节中的奇思妙想、创新见解，记录下这样的教学资源，有利于我们在今后的教学中更加贴近学生的实际，进一步促进课堂教学有效性的提高。

教学实践证明，只有真正实现了高效的课堂教学，基础教育课程改革才不会是一句空话，才会落到实处，学生才会受益，才会实现师生双赢，学生学习数学，才会乐学、好学、自主地学、创造性地学，为了提高课堂教学的有效性及高效性，教师必须本着"一切为了学生的发展"，以教学理论作为指导，经过自己的不断实践，不断总结，不断完善和创新，才能真正提高课堂教学的质量，提高学生学习效率。

构建优质小学数学课堂的途径探究

广州市黄埔区新港小学　陈昱霖

随着课程改革的不断推进,传统教学中单纯教授学生知识的课堂教学模式已经无法满足社会、家长以及学生自身对智力的开发以及能力发展的需求。尤其是数学教学,随着年级的增加小学数学的难度也在不断地加大,如果继续采用传统的教学模式学生会对数学产生枯燥感,其对于数学的认知就是数字,除了数字还是数字,这种情况不仅让学生头痛也让教师和家长为之烦恼。现代的社会是学习型的社会,知识更新的速度越来越快,如何构建优质的课堂学习环境使学生可以高效率学习,成为小学数学教师面临的一个重要的问题。其实,对于这个问题的解决需要教师真正转变教育教学观念,汲取他人的先进教育理念,学习先进的教学方法,挖掘学生的兴趣,结合自身的实际情况做到因材施教,让学校数学课堂真正实现优质高效,我将结合自己在教学过程中的一些体会来对当前小学数学优质课堂构建进行浅析。

一、兴趣是获得知识的第一步

数学学习表面上比较枯燥,学生需要面对大量的数字,在计算过程中如果不断地失败就会让学生产生挫败感,进而产生对数学的抵制情绪。因此,日常教学过程中需要对教学过程进行精心的设计,通过有趣的故事或游戏导入,使学生在紧张的课堂环境中得到放松,引导学生发现数学的内在美和数学本身的魅力。例如,在教学五年级下册《分数的意义和性质》第一课时,我先请孩子猜谜语,打一个分数,七上八下(八分之七),一分为二(二分之一),充分地调动学生的学习情绪,在猜谜语这个有趣的游戏环节中,学生们根据三年级已有的认知很快地进入新授知识的学习。设计学生感兴趣的活动形式，教师也一起绘声绘色描述，让学生在颇具乐趣的学习中找到数学的规律。有时候还可以在课堂上开动脑筋设计一些孩子们喜欢的话题来吸引学生的注意力，在学生放松之余重新把学生引导到课堂教学中。

二、营造情境，丰富学习的感受

情境教学是教师为学生创设适宜的学习环境，建立传授知识与学习知识之间的良好氛围，使学生可以带着积极的情感在优化的环境中去认知学习，从而在情景思维中获得知识、启发智力、拓展能力的一种教学方式。小学生天性爱玩，喜欢做游戏，而学生日常接触的游戏和玩具中其实也蕴涵着丰富的教育信息，借助学生喜爱的游戏方式，以生活情感为载体，可以更自然地引导学生感悟生活中的数学现象，从而在玩耍中提出问题并引导学生解决问题，让学生自主构建学习的方式，丰富学生学习的感受。如在教授认识物体形状的时候，我会准备大量彩色的纸张，首先让学生自己去感知哪些物体是什么形状，让学生在脑海中形成对物体的认知和形象的感受，然后让学生自己手工制作这些形状的物品，例如制作正方形、长方形、三角形、圆形，甚至是圆柱体等。在制作物体的过程中，调动了学生的手、口、脑，为多种感官参与学习活动创设最佳环境，同时又激发学生的学习兴趣，学生对于物体形状的记忆非常深刻，同时辅以概念的讲解使学生过目难忘，收到了非常好的学习效果，学生对于课堂教学的参与度明显提升。

三、资源整合，拓宽学习渠道

传统的小学数学教学是以课本和教师的讲解为主，授课的重点是讲解知识，突破教学重难点，知识点往往集中在书本上，小学生的抽象思维能力较弱，这样容易使学生产生疲劳甚至抵抗的情绪，受制于时间、空间的限制，学生无法直接对数学问题进行实践操作，从而限制了学生对数学问题的探究能力。目前人类已经进入信息时代，以计算机和网络为核心的现代技术的不断发展，正在越来越深刻地改变着我们的生活方式，同样小学数学的教学也应该与时俱进，利用最新的技术和方法来改变知识的传授方式，增加知识的丰富度和形象感，让学生身临其境，不断提高课堂教学设计的质量。教师在备课时，除了借助教材和教参外，还可以通过网络资源撷取更多的与教学内容相关的信息和资料，开阔学生的眼界，拓展教师上课的思路，丰富课堂教学资源。对于信息技术与数学课程资源的整合，例如使用电子白板和多媒体课件，可以给学生呈现出一个高度真实的虚拟学习环境，得益于信息技术应用，可以让学生在有限的空间和时间内获得更多的学习体验，进而弥补教材的不足，丰富数学课程资源，增加课堂教学的信息量，提高学生学习数学课的兴趣。

四、自主学习，把课堂还给学生

学生才是课堂真正的主人，教师应转变角色从知识的灌输者成为学生学习中的朋友，而且学生自主学习能力的提高也离不开教师的指导，因此教师要重视对教学方法的研究，教会学生学习的方法和策略，让学生由"学会"变为"会学"。例如在《营养午餐》学习中，先让学生们分组讨论自己最喜欢吃的水果和蔬菜是什么，然后让每个小组制订一个营养午餐的食谱，再根据每种食物的营养成分计算是否符合营养标准，在评定的过程中让学生理解大于、小于和等于三种数学概念，并引申出不低于和不高于所对应的数学符号和概念，让学生在自主学习中掌握书本中的有效信息，在讨论中自己找到答案，总结学习的规律，对未知的知识可以做出自己的探索和判断。对学生自我学习能力的培养，可以使学生意在其中，乐在其中，他们会积极主动地学习。这时数学学习成为他们的一种享受，自主学习能力就容易养成了。

五、重视复习课的教学，让知识更加稳固

复习也是小学数学课堂教学的一个重要组成部分，可以有效帮助学生对之前所学习的知识进行回顾，加深他们对知识的理解，为学生知识的沉淀打下扎实的基础。复习课不会像新课传授那样花费大量的时间来对知识点进行讲解，会在数分钟内对上次课程知识点进行梳理，因此每次上课前都要针对学生上节课学习的内容和学生的表现进行准备，精心选择典型的例题让学生解答，复习

的同时查漏补缺，同时也让学生动手动脑主动找出问题，活跃课堂氛围，在实践和思考中达到巩固知识、形成技能的课堂效果，让新旧知识完美融合，实现复习课程质的飞跃。

六、情感是打开学生心灵的钥匙

情感是人对待身边事物的态度，是人类需要和客观事物之间的关系的反映，它是主体对与其有意义的客体满足与否所产生的心理体验。小学生的数学学习活动是一种主动的心理过程，他们在认知中体验着情感。教学过程中的情感包括两个方面：①教师的情感。教师的情绪可以直接对教学效果产生影响，自身带着不愉快情绪的教师很容易将这种情感传递给学生，也必然会导致课堂教学的失败；一个严肃的教师也很难调动学生学习的情绪，学生在畏惧中是无法高效率学习的。因此教师应该时刻牢记微笑才是情感交流的大门，在课堂上对学生一个微笑，一个赞许的目光可以缩短师生之间身份的距离，构建快乐和美好的学习氛围。②学生的情感。每个孩子，身材相貌会有美有丑，智商有高有低，因此每个学生也具有不同的情感，教学中要时刻关注学生情感的变化，教师不应该只对优秀的学生倾注努力和情感，对于班级上的中等或差生，也应该给予他们足够的尊重和喜爱，教师的每一个提问和赞许对于他们来说就是阳光和雨露，让公平和公正走进学生的心里，使学习中下水平的学生在表扬和鼓励中获得自信，不断萌发上进的动力。

综上所述，构建优质高效的课堂教学需要教师根据教改要求去培养学生的兴趣，在良好的情景中运用情感去引起学生的共鸣，辅以丰富生动的教学资源引导学生自主学习，最后通过良好的复习方法使学生温故而知新，让每个学生体验到成功的快乐，让小学数学课堂真正走向实效和高效。

参考文献

[1]李建柱.小学数学情景教学体会［J］.教育实践与研究：小学版（A），2010，（10）：54-55.

［2］何袁华.如何在小学数学教学中培养学生的创新能力［J］.读写算（教育教学研究），2015，（8）.

［3］李生菊.有关提高小学数学课堂教学效率的几点思考［J］.学周刊：中旬，2015，（9）：32.

［4］罗璇.浅论中小学素质教育［J］.考试周刊，2016，（3）：163.

［5］刘晓峰.让小学数学课不再枯燥无味［J］.学周刊：上旬，2015，（10）：141.

［6］肖鸿.丰富体验，唤醒情感——基于"体验式"教学模式下的小学数学情感教学［J］.学苑教育，2015，（19）：60.

［7］缪建英.浅谈小学生的自主学习［J］.考试周刊，2015，（58）：82.

"运用同题异构"的教学方法，提高小学数学课堂教学有效性

广州市黄埔区新港小学　常珍花

《数学课程标准》（2011年版）指出："数学课堂教学活动的基本要求是：激发学生兴趣，调动学生积极性，引导学生的数学思考，鼓励学生的创造性思维；教师要发挥主导作用，引导学生独立思考、主动探索、合作交流，使学生理解和掌握基本的数学知识与技能，体会和运用数学思想与方法，获得基本的数学活动经验。"目前小学数学课堂，教师课堂上仍多以教授接受式学习为主，这样可以直接将正确的观念和知识告诉给孩子们，避免了知识的杂乱与误解，但是学生缺少了独立思考、积极主动的探索过程和合作交流，学生被动地接受知识，从而让学生失去了动脑思考的兴趣与动力。

而"同题异构"却很好地为教师提供了这样的学习平台，在很大程度上指导教师很好地结合孩子们的实情调整教学过程，极大地避免了传授式的教学模式，很好地实施了自主教学。所谓"同题异构"是指：同样的内容，由不同教师根据自己的理解，自己备课并上课，在比较中研究和学习不同的教学结构、教学风格、教学方法和教学策略，从而有效地提高课堂教学效率。"同题异构"教学模式就是因师施教，从所教孩子的学情出发，更好地激发孩子们的学习兴趣，从而有效提高课堂效率，有效把握年级平衡的一种举措。

我在课堂上运用了"同题异构"的思想上课，发现这既激发了孩子们的学习兴趣，调动了学生参与学习的积极性，又培养了学生良好的数学学习习惯，使学生掌握了恰当的学习方法，并让孩子们带着愉悦的心情，以丰富的想象、

扎实的记忆和灵活的思维方式收获成功的喜悦，同时令孩子们的个性得到极大展示。

一、情境生活化，激发学习兴趣

大教育家苏霍姆林斯基曾说过："如果教师不想方设法使学生产生情绪高昂和智力振奋的内心状态，就给予传授知识……学习就会成为学生沉重的负担。"因此，教师应在教学活动中想方设法激发学生学习数学的兴趣，引发学生的数学思考，使学生始终处于积极的思维活动之中。"创设情境"是学生自主探究数学知识的起点和原动力，是提高学生学习数学能力的一种有效手段。"同题异构"中情境创设，教师可以根据地域文化的特点和孩子们身边的生活情境设计。例如，我在教学六年级上册"折扣"学习内容时，首先让大家说说："周末里你最开心的事情是什么？""收获了什么？"有孩子会讲"买了衣服、玩具或是书籍……""是多少钱，有没有优惠？"引导孩子们从发生在自己身边的小事情入手，通过浏览商场中许多物品打折优惠切入主题，激发了学生的学习兴趣，调动了学生的积极性。随着问题的出现，"自行车标牌上，原价280元，现在打8折"，让孩子们说说"8折"是什么意思，就引出"折扣"的定义和理解，"现在买一辆自行车要花多少钱？""便宜了多少钱？"，引发了学生积极的数学思考，接着出现新问题"另一款自行车，王明妈妈花了256元买的，也是打了8折，猜猜原价是多少？"，一系列问题的引入，让孩子们学会了独立思考与主动探索，在此，教师的启发式教学与因材施教相结合，激起了学生对数学的好奇心与求知欲，使他们积极参与了数学活动。让学生切实体验到生活中处处有数学，"折扣"就在身边。这为实施有效的课堂教学打下了良好基础。

二、情境问题化，构建主体参与

小学中高年级的学生开始对"有用""有挑战性"的数学更感兴趣。教师通过"创设情境链，引出问题串"的方式，情境中更加关注学生的数学思考，设法让学生经历"做数学"，让他们在开放性、探究性问题中表现自我、发展自我，从而感觉到数学学习是很重要的活动，并且初步形成"我能够而且应当学会数学地思考"的理念。在这里，我运用"同题异构"中城市孩子最常见的生日礼物为例，结合孩子们日常所见长方体玩具、正方体魔方等，以孩子们喜闻乐见的"包装礼物"为主题，创设了四个情境，即：装一装；包一包；扎一扎；涂一涂。将整个"长方体"的有关知识放置于设计好的情境链中，通过完成设计任务，使学生在浓厚的探究兴趣中，亲身经历将实际问题抽象成数学模型，并进行解释使用的过程。特别是，有效理解从一个顶点出发的三条棱长（长、宽、高）的含义。这与传统教法，即直接从一个长方体模型中指出其长、宽、高来让学生认识，相比较，新的教法极大地激发了学生的学习兴趣与求知欲。"让学生在生动具体的情境中学习数学"这是新课标提出的要求，让学生在动手操作的过程中观察、猜测、计算、推理、验证的环节中体会了"做数学"的思想，从合作找出长方体的六个面，再互助计算出长方体表面积，到推理出长方体的表面积公式，然后验证这个公式的准确性。这一过程充分调动了学生参与学习的积极性，使他们掌握了恰当的学习方法，这是小组合作学习互助完成学习任务的重要部分，也是实施有效性课堂教学的重要环节。过去的教法，从长方体的六个面入手，分别求出三对面的面积（前面与后面，上面与下面，左面与右面），再相加求和，相比较上面的教学方法，我让孩子们养成了独立思考、合作交流、反思质疑的学习习惯，体验了获得成功的乐趣，建立了自信心。

三、媒体现代化，优化课堂教学

数学是抽象性、逻辑性很强的一门学科，小学生的思维正处于由具体形象思维为主向抽象逻辑思维为主的过渡阶段，小学数学必须在数学知识的抽象性和学生思维的形象性之间架起一座桥梁，而"同题异构"结合信息技术正是这样一座桥梁。例如在我的教学中，长方体知识体系的建构；实际应用拓展中多种方法的一一呈现；长方体横切后表面积的变化；圆面积的推导过程……都运用多媒体CAI手段，以生动、形象、具体的表现力，化静为动，动静结合，吸引学生的注意力，帮助学生理解知识，培养了学生思维的灵活性和创造性。这与传统教学中的以"讲授"为主，满黑板做题的"填鸭式"教学相比较，孩子们从古板单一的教学模式里解放出来，带着愉悦的心情，更有激情、更有兴趣参与到学习中来，收获学习的成功喜悦。"同题异构"可以更好地比较不同的教师对同一主题的不同理解，比较不同的教学策略所产生的不同教学效果，并由此打开教师的教学思路。同题异构既是让上课教师相互学习，更是让听者在感受不同教学理念的魅力之后，引发深层次的思考：

（1）面向全体学生提供"跳一跳，摘桃子"的平台。如：我在教圆的面积后，让孩子们用所学过的图形，设计优美造型的花园，比一比谁的更有创意。

（2）教学设计上更"精心"，根据所教孩子实际学情设计；做数学"放心"，孩子们合作学习，必定能顺利完成任务；课堂上孩子们才能更"专心"，好的教学设计激发了孩子们对数学的好奇心与求知欲，使他们积极"专心"地参与了数学活动。

（3）信息技术的应用与培养学生动手能力的关系。信息技术与数学课堂适当整合优化了课堂教学结构，使学生活跃起来，通过"猜一猜""试一试""做一做"积极主动地参与了学习。

（4）面对差距如何有效地开展课改实验工作。更有针对性地根据不同学校的不同班级，调整教学内容与方法，从而有效地完成教学任务。

在课堂上运用了"同题异构"方式授课后，我发现孩子们能更好地参与到学习中来了，从开始上课的兴趣吸引，到教学过程中的细心观察、积极动脑思考，接着主动地、生动活泼地参与猜测与推理，最后友好地合作交流互助完成任务。从而逐渐形成了认真听讲、独立思考、自主探索与合作交流于一体的教学方式，使学生理解和掌握基本的数学知识与技能、体会和运用数学思想和方法，获得了快乐的数学活动经验，提高了学生的数学思维能力，培养了学生良好的学习习惯。

"同题异构"为我们搭建学习交流的平台，使孩子们拥有了更丰富多彩的课堂生活，让孩子们和教师感受不同教学理念的魅力。巴赫金说："一切都是手段，对话才是目的。单一的声音什么也结束不了，什么也解决不了。两个声音才是生命的最低条件，生存的最低条件。""同题异构"实现师生和教师之间更深层次的对话，在对话中教师的理念可以共鸣，在差异性中寻找共性，教师的生命质量得以提升，精神得以解放，教学有了更多的创造空间，形成"个性化"教学，它促进教师专业发展，同时为孩子们带来不同的层次性、多样性的教学，更大程度上激发孩子学习热情，使孩子们快乐地投入到探索性的教学活动中去，实实在在提高了课堂教学的有效性，给孩子们带来更大的收获。

参考文献

［1］北京当代师苑教育研究院.中国当代教育研究［M］.北京：中央文献出版社，2002：12.

［2］中华人民共和国教育部.义务教育数学课程标准：2011年版［S］.北京：北京师范大学出版社，2012.

［3］张华.课程与教学论［M］.上海：上海教育出版社，2000：66.

［4］黄翔.数学教育的价值［M］.北京：高等教育出版社，2004：36.

［5］曹树华.小学数学新课程教法［M］.南昌：江西高校出版社，2007，（8）：12.

小学四年级学生课堂行为的观察研究

广州市黄埔区新港小学 陈丹纯

一、要研究和解决的教学问题

1. 问题的提出

学生获得的知识主要来自于课堂上的学习，课堂是师生共同合作的过程，在这个过程中，教师主要起到指导作用，学生是课堂的主体，学生的课堂行为会影响到：

（1）学生对本节课教师所授知识的掌握。

（2）对后续内容的学习产生消极影响。（原因有：①知识的传递性；②因为做题挫败而对学习失去信心；③对学习失去兴趣。）

（3）教师授课的进度和情绪。

（4）课堂学习氛围，包括对周围同学的影响。因此对学生课堂学习行为的研究很有必要，通过研究、分析，我们可以得到以下几点有用结论：①如何在课堂教学中更好地发挥教师的指导和调控作用；②对学生的某些课堂行为和课堂反应要如何处理；③教学设计要怎样才能更大程度地提高学生参与的积极性；④教师个人素质需要达到哪些方面的改进和提高，等等。

2. 意义与目的

（1）我们希望在本研究中，基于对真实的课堂情况所进行的数据分析，并通过对现执教四年级的数学教师进行访谈了解更多真实的课堂情况，能为数学课堂教学改革提供真实的课堂数据。

（2）本研究是观察研究，希望在观察小学四年级学生数学课堂行为后针对行为进行详细分析，从而得到关于教学的有关结论，以期对提高课堂教学效率、促进有效课堂的形成有启发作用。

（3）由于研究对象是四年级学生，因此希望通过对四年级学生的情况所进行的细致的分析，能够呈现出四年级学生在数学学习方面的特点，并针对特点发现应对四年级学生课堂行为的具体方法。

（4）这是一篇教育类研究论文，我们希望此文能对教育领域产生积极的影响和促进作用，各位同行对教师职业有更加深刻的理解和认识，进一步优化教学，帮助广大教师教育出更多有创造力的三好学生。

3. 个人的发展需要

作为一名新教师，我想这项研究会对我以后的教学产生深远的影响。在研究的过程中，阅读大量的教育类文献会为我更好地理解什么是好的教育、如何达到好的教育目标提供助力。通过课堂教学实践和课后反思，我不断地改进教学，提高课堂教学的实效性。

二、小学四年级学生数学课堂行为的观察方法与过程

1. 研究方法

由于本论文是对小学四年级学生课堂行为进行观察记录再进一步分析，因此观察法是主要的研究方法。为了保证结论的普遍性，笔者采用访谈法，通过访谈其他执教四年级的教师以获得更多其他学校四年级学生的课堂情况。同时，配合使用文献分析法，了解现有的研究情况，分析已有的教育观点，完善和启发本论文的研究思路。

2. 不同类型课的区别（这里选取两个教学实例进行分析）

新授课《乘法分配律》第一课时。

通过对孩子课堂表现的记录，分别统计出四（1）班和四（2）班在这节新授课里面，出现的有利于学习的课堂行为、与教师不同步的行为及不利于学习的课堂行为的类型和人数。

表1　四（1）班学生课堂行为观察记录表

行为			人数	占班级人数的比例(%)	
有利于学习的行为	专心听讲	持续时间长	22	52.38	92.86
		持续时间短	17	40.48	
	认真思考		32	76.19	
	举手发言	积极举手发言	10	23.81	50
		有时举手发言	11	26.19	
	完成习题		30	71.43	
	记笔记		1	2.38	
与教师不同步的行为	做书上的数学题		3	7.14	
不利于学习的行为	与同学说话		24	57.14	
	发呆或走神		16	38.10	
	与同学玩游戏		9	21.43	
	与同学发生口角冲突		2	4.76	
	写纸条、传纸条		3	7.14	
	玩笔或涂改带或其他东西		6	14.29	
	画画		1	2.38	
	睡觉		1	2.38	
	大声叫喊		1	2.38	
	咬东西或咬手指		2	4.44	
	顶撞教师		2	4.44	

表2　四（2）班学生课堂行为观察记录表

行为			人数	占班级人数的比例（%）	
有利于学习的行为	专心听讲	持续时间长	30	65.22	97.83
		持续时间短	15	32.61	
	认真思考		36	78.26	
	举手发言	积极举手发言	14	30.43	69.57
		有时举手发言	18	39.13	
	完成习题		33	71.74	
与教师不同步的行为	做书上的数学题		1	2.17	

续 表

	行为	人数	占班级人数的比例（%）
不利于学习的行为	与同学说话	21	45.65
	发呆或走神	13	28.26
	补其他科的作业	1	2.17
	写纸条、传纸条	2	4.35
	玩笔或涂改带或其他东西	3	6.52
	做滑稽动作	1	2.17
	与同学发生口角冲突	2	4.35
	与同学发生肢体冲突	2	4.35
	顶撞教师	1	2.17
	看漫画书	1	2.17

表3　四（1）班练习课学生课堂行为统计表

行为		人数	占总人数的比例(%)
认真完成习题（包括偶尔与同学说话的行为）		27	64.29
未能完成习题	整节课与同学频繁说话	8	19.05
	因做题速度慢没能完成	4	9.52
	玩笔或其他东西	3	7.14

表4　四（2）班练习课学生课堂行为统计表

行为		人数	占总人数的比例(%)
认真完成习题（包括偶尔与同学说话的行为）		35	76.09
未能完成习题	整节课与同学频繁说话	2	4.35
	因做题速度慢没能完成	7	15.22
	玩笔或其他东西	2	4.35

三、小学四年级学生数学课堂行为观察结果分析

（一）学生自身的情况

1. 性格

就像每一片树叶的纹路不同一样，学生的性格存在很大的差异性。而这种性格上的差异也表现为学生数学课堂行为的差异。

2. 学习成绩

结合观察记录和两个班学生的学习成绩发现，课堂行为表现为有利于学习的学生，如四（1）班的小羽（100分）、小梦（92分）、小荷（98分）、小凤（98分）、小浩（91分）（括号内为单元测验的成绩）成绩属于优秀，以及四（2）班的小辉（100分）、小瑜（100分）、小紫（100分）、小怡（100分）、小凡（100分）、小熙（100分）、小峻（96分）等同学。但也发现上课有时与同学说话的小宇（100分），专心听讲持续时间很短、作业完成得马虎的小梓（88分）得到的成绩出乎意料。而有一些在课堂积极发言的学生例如小真（77分）、小基（83分）成绩并不高。实际上，这部分学生在课堂上虽然积极举手发言，但回答有时并不对，而且出现走神、玩涂改带等现象。而小嘉（44分）、小玲（32分）、小宁（50分）因为基础知识掌握不好，课堂行为表现为走神，已经对学习成绩产生较大的影响。

3. 学习兴趣

我们常说"兴趣是最好的老师"，从观察结果来看也是这样的。四（1）班的小晴在课下和我交流时说到自己就是不喜欢数学，觉得很难，所以更加不想做，上课也不想听。许多学习成绩差的孩子都是因为失去对学习的兴趣，才会被动地学，挫败感会使他们对自己更加没信心。而像小业、小乐、乐乐，他们就很喜欢上数学课，宁愿不上音乐、信息技术也要上数学，这个也是因为兴趣。

4. 学习习惯

两个班只有小特同学一个人有记笔记的习惯，上次在四（2）班提到记笔记，有些同学觉得上课不能记笔记，笔者个人认为记笔记也是很好的学习习惯。访谈其他学校的教师时，他们都提到四年级是养成良好学习习惯的关键期，要让他们养成上课认真听讲、自己改正错误、作业按时上交等良好习惯。有教师提到有学生有记教师板书的习惯。通过观察我发现小羽、小瑜、小昊等同学的学习习惯都很好，小羽在课后讲练习时会习惯性地拿红笔改正，小瑜（100分）和小昊（98分）在讲评单元卷时会标注教师讲到的每道题的知识点。而小嘉、小进这类学生往往因为没有良好习惯，比如上课前不能准备好笔和本子，每次布置写的要求时总是花时间找笔、找本子，结果其他同学都写好了，他们还没有动笔。因此教师要有意识地纠正学生的不良习惯，培养学生良好的学习习惯。

（二）教师的情况

1. 提问方式

"提出一个问题往往比解决一个问题更重要"。在教学实践中，笔者深深地体会到这一点。在教授《乘法分配律》时，笔者没有很好地设计提问，导致学生在接受这一块知识时相对被动，没有更多思考的时间，因此没有足够深刻的印象。参阅教学参考用书是备课必做的事，教师首先要清楚这节课的教学目标，设计出符合学生认知水平的问题，接着选择合适的提问方式，是教师问还是鼓励学生自己找问题。这样的课堂生成，更加符合新课标"以学生为本"的要求。

2. 情境设计

在教授《除法的性质》一课时，笔者引入了本人为社区的小学生羽毛球比赛去买运动题材的模拟情境，引起学生的解题兴趣。四年级学生已经能够判断这个场景是教师虚拟出来的，但是仍然很大地激发他们的学习热情。意识到这一点，在教授《比较小数的大小》一课时，笔者引入买彩电、买花、买豆浆的情境，在学生熟悉的生活情境中让他们复习比较整数大小的方法，进一步学习比较小数的大小。

3. 教学风格

不同的教师的教学风格不同，其实教师教学风格与教师的个人魅力分不开。严肃的教师如果在课堂上总是板着脸，那么他给学生的感觉就是不苟言笑，那么师生之间在心灵上不会很亲近，教师也就难以更深入地了解学生。笔者认为教师以饱满愉悦的情绪投入教学，首先要在精神上给学生愉悦，也就是教学风格首先取决于教师的情绪，再者是教学设计方面，教师的言语、肢体语言等，都是构成教师教学风格的重要组成部分。

4. 课堂调控能力

在课堂教学中难以避免的就是突发情况，比如学生在课堂上传纸条，发生肢体冲突，玩游戏，与同学大声说话，用笔发生响声，等等。因为课堂上是1个教师和40多个孩子一起，这样的课堂情况考验教师的课堂调控能力，针对不同的情况具体要怎么处理，既要妥善解决，又要让其他学生不受干扰，教学进度也不能受影响。在实际教学中，对一些如"教师，他拿我的东西"这类问题我常常冷处理，以下课再说作为快速解决的方法，我清楚知道这方面还需要好好加强。

5. 班级奖惩制度

两个班的奖惩制度都是以个人为单位，如果举手回答问题答对，作业完成得比较好，就可以在每天的学生情况登记表上打勾，相反，如果课堂表现不好，受批评，或者作业没交，就打叉。每周五教师会统计这一周学生的打勾打叉的情况，记录在他们的品行积分卡上，期末再总评。同时，每周打叉数较多的同学会受到教师罚抄等作业处罚。这个奖惩制度更好地调动了他们参与课堂的积极性，形成外部激励机制，有助于他们更好地规范自己的行为。

四、小学四年级学生数学课堂行为观察结果总结

1. 课堂教学方法与策略

从观察结果分析及教学反思，笔者认为教师应该备好课，备好课是上好课的基础。设计合适的、生动的教学方法有助于学生更好地掌握知识。对每一节课的内容进行思考，理解知识点之间的衔接关系，考虑学生的认知水平和思维发展水平，在策略上多下功夫，才能生成更精彩、更高效的课堂。

2. 教师自身素质的提高

在教授《小数的意义》一课时，有学生问"老师，那毫米还能细分吗？"笔者说能，但是并不能肯定毫米再细分下去是什么单位，它们的进率是多少，由此笔者深深地体会到教师需要不断地让自己的知识更完善，教师的一言一行都影响学生，以前没作教师的时候，你过马路看到没人可以闯红灯，但现在不行，因为你不知道是不是在远处正有学生看着你，你要形成榜样作用。这些高效课堂要求教师不断提高自身素质。

3. 课堂上应该注意的问题

令笔者印象比较深的是关于笔者提问学生的事，四（2）班的小昊之前因为笔者一直没提问他，所以原本积极举手发言的他那节课不再举手，他觉得老师不喜欢他。还有四（1）班的小青，因为觉得笔者提问不公平，竟然难过到哭了。这些都深深震撼了笔者，笔者对他们的心灵在那个时候造成了伤害，这是我需要深深反思的。不应该为了将更多的机会给其他学习成绩较差的学生，就忽视了一直积极举手的同学，因为他们内心更加渴望老师关注。提问时要公平。处理问题时不要单听一个学生说的话，要多观察，多听，多想，发现学生有不良行为习惯时要及时纠正他们。

4. 批评与表扬

无论是批评还是表扬，都要具体。要让犯错的学生真心体会到自己的错误，让表现好的学生得到应有的鼓励和奖励。

5. 把握时间

每一节课都是宝贵的，要尽可能保证每节课的教学目标在一节课的时间内学习完，多留点时间给孩子思考，做到不迟到，不拖堂。

追求高效课堂

广州市黄埔区新港小学　李观武

一、高效课堂的定义

随着时代的发展，课堂变得多姿多彩，正是：教学有法，教无定法。这对教师的教学方式也提出了更高的要求。教师要从学生的发展需要出发，要从本学科的教学特点和规律入手，努力上好每堂课，使学生能从中学到更多的东西，至于用何种方法和手段，则需要我们教师充分运用自己的教育智慧，创造性地开展工作。"高效课堂"只有更高，永远没有最高，课堂教学虽然有"法"，但永无定"法"，这正是教师的发展之道，是教学科研的魅力所在。

高效课堂是指在课堂教学中，通过教师的引领和学生积极主动的学习思维过程，在单位时间内高效率、高质量地完成教学任务，促进学生获得高效发展。

二、如何打造高效课堂

（一）充分的课前准备

1. 备教学内容

"不打无准备的仗"，打造高效课堂，教师就要认真备课，精心设计教学环节。常态的课堂教学设计重点往往在于教师"讲些什么"，总要在教学目标、教学重点、教学难点、教学手段、教学方法、教学内容、教学流程以及在课堂上有可能呈现的问题等方面做到周密而细致的预设，相对稳定，教师预设了什么，就决定课堂上学生要接受什么。而高效课堂的教学设计更多地需要考虑"不讲什么"，需要围绕"哪些是同学们自己可以学会的""哪些是部分同学可以学会的""哪些是必须通过教师讲解才能学会的"等问题进行预设。相对多变，将随着课堂上学生呈现的问题适时调整。

课堂要高效，教师就要认真备课，精心设计教学环节，要根据教学内容、学生情况，设计出能最大限度地激发学生学习兴趣、调动学生学习积极性的教学。只有精当的教学设计，才会减少无用功，才能做到低耗时、高效率。具体讲就是要做好以下几方面：

（1）明确教学的重点和难点，不要面面俱到，围绕"哪些是同学们自己可以学会的""哪些是部分同学可以学会的""哪些是必须通过教师讲解才能学会的"等问题进行预设。

（2）设计好有效的课堂提问。在常态的课堂教学中，我们常常会发现所提的问题本身就有问题，无效问题、假问题、无价值问题充斥课堂。教师的很多提问影响了课堂教学效率的提高，耽误了学生宝贵的课堂学习时间。因此，课堂要高效，教师就必须注重对课堂提问的研究，整个课堂的问题设计必须遵循循序渐进的原则。所提问题必须是有启发性的、能激发学生思考兴趣并能深入思考的问题。

（3）设计课堂作业要"精练"。所谓"精练"，是指练习要少而精，虽然练习对技能学习有促进作用，但是过量的练习，会产生消极作用。所以，教师在布置课堂练习和课后作业时，必须充分考虑不同学生的学习水平，不布置死记硬背、机械训练作业，不布置重复性作业，不布置繁难偏旧作业。布置的作业数量要少，质量要高，布置启发性、思考性作业，布置层次性、实践性作业。

2. 备教学对象

（1）教学内容必须符合学生认知水平。教学内容虽然设计得很精彩，但是如果不符合班级学生的认知水平，就必须修改，因为这是关系到我们所讲的这节课是否能引起大部分学生兴趣的一个关键之所在，而学生的学习兴趣正是我们提高课堂效率的一个重要因素。

（2）预设课堂上关注的对象。因条件限制，目前我们的教学对象还是比较多的，课堂上教师不可能全部都关注到，因此，教师课前要预设需要在课堂上特别关注的对象。对非常优秀的学生来说，一般是不需要教师费心的，而那些学习上有一定困难，通过努力学习又可以大幅提高的学生才是我们在课堂教学时重点关注的对象。

（二）打造自己独特的教学风格

每位教师都具备自己独特的教学风格，高效的课堂需要在关键的环节中燃起智慧的"火花"。

1. 始终保持饱满的热情和激情

每节课都要有充分的课前准备，首先是精神准备，调整好情绪，以饱满的精神进入课堂。教师饱满的热情可以感染学生，使学生积极地思考问题，参与教学活动；教师的激情可以带来灵感，让师生在互动过程中产生更多共鸣；教师良好的心态可以让自己始终用欣赏的眼光看学生，发现学生的长处，开发学生的潜能。如果教师上课精神萎靡不振，说话无精打采、吐词不清、词不达意，学生很快就会被教师的这种状态所感染，也就不能积极地与教师配合。最终这节课就变成了一节低效的、无效的课。如果教师上课没有激情，一进课室就一讲到底，语调平平，只管教，不管导，课堂气氛沉闷，学生不能积极参与到课堂，教学效果会越来越差。所以课堂要高效，教师在教学过程中一定要保持饱满的热情和激情。

2. 自然生动的导课

每节课都要有一个良好的开局。俗话说："好的开始是成功的一半。"用什么方法吸引学生的注意力，是教师应该着力思考与设计的。如，在学生精神疲惫的时候适当讲一个小故事、说一个小笑话或者小游戏激发学生学习兴趣。也要充分利用实物投影、多媒体、教学软件动画等教学资源和网络资源提高课堂实效。

3. 关注全体学生的学习状态，及时纠正学生注意力分散的问题

在教学中，我们要想方设法创设系列的情境，组织大量的刺激要素，以不同形式刺激学生与问题对话。对注意力不集中的学生进行提问、用眼光注视、用语言的停顿、走下讲台等方式来提醒学生注意力集中。

课堂要面向全体学生，学生水平参差不齐，做好培优辅差是课堂教学的重要内容。在课堂中加强"快速提问"，增加提问的密度，把一些略简单的问题交给差生回答，让他们在参与问题回答的过程中，产生危机感、紧迫感。通过努力正确回答问题形成一定的自信心。对学生积极发言、认真练习，及时完成作业等行为都要及时地鼓励和肯定，不仅要鼓励学生成绩的进步，更要鼓励学生良好学习习惯的形成。适当的激励，正是为了实现全体学生高效学习。

我认为，在课堂上，教师应该关注学生是否在真正学习。因为有些学生注意力不集中，并没有听，也没有学，更别说什么高效课堂了。教师关注学生是否在真正学习，就要教会孩子如何带着问题去读题，如何在读题的过程中用自己已学的知识来解决问题。随着课堂教学流程的逐步推进，教师应该关注学生表达是否清晰、用语是否规范、书写是否工整、神情是否专注等细节问题。培养学生的学习习惯和自主学习能力。

课堂上，当学生有错误时，我们能让学生自己明白错误；当学生精神不佳时，我们能使他们振作；当学生过度兴奋时，我们能使他们归于平静；当学生茫无头绪时，我们能给他们指明方向；当学生没有信心时，我们能调动他们的积极性；那么，我们的课堂就能做到低耗时、高效率。

4. 必要的课堂检测

课堂练习要少而精，虽然练习对技能学习有促进作用，但是过量的练习，会产生消极作用。课堂要高效，教师在布置课堂练习和课后作业时，就必须充分考虑不同学生的学习水平。布置的作业要"精练"，给每个学生留有充分自主发展的余地。

（三）反思与改进

反思，指课前反思，课中反思，课后反思。课前反思会使教学成为一种自觉的行为；课中反思会使教学活动高效率地完成；课后反思会使教学经验理性化。改进，是指对教学内容专研的改进；对教学方法与策略的改进；对教师自身素养方面的改进。

现在人人皆知，教学要反思。一个不会反思的教师，他的经验是狭隘的、肤浅的，他学术水平的发展也将大受限制。教学反思，我认为要思考四个问题：①你课堂上每个问题是否都有意义？②你课堂上是否每个学生都关注了？③你每节课的每一分钟是否都珍惜了？④你教学环节是否都能围绕着教学重点展开？如果在一堂课中我们做到了这四点，我认为这节课就是一节高效的课堂。

　　总之，高效的课堂，离不开教师充分的课前准备；高效的课堂，离不开教师精当的教学设计；高效的课堂，离不开和谐活跃的课堂气氛。如果不能使学生全身心地融入学习中，就很难形成有效的学习。高效课堂教学应该是师生对话、生生对话、共同发展的互动过程，所有人都参与学习，所有人都参与讨论，所有人都得到收获。只要我们能用爱心、用责任感、用事业心打造高效课堂、激情课堂，就能收获到教书育人的成功和快乐。

浅谈以实践活动为中心的小学数学课教学设计

广州市黄埔区新港小学　梁丽红

《数学课程标准》（实验稿）明确提出"让学生通过实践活动，初步获得一些数学活动的经验，了解数学与生活的广泛联系，加深对所学知识的理解，获得应用数学解决问题的思考方法，并能与他人合作交流，获得积极的数学学习情感。"让学生在实践活动中进行对数学知识的巩固和运用，通过学生的小组协作、自主探究等多种学习方式，从而避免单纯、机械、枯燥的数学知识学习。"以实践活动为中心的小学数学课"强调让学生做数学比让学生知道数学更重要，原来被动的学习变为主动的学习。

一、小学数学教学中设计实践活动课的意义

2012年新修订的《数学教学大纲》中提出在小学数学教学中增设"实践活动"，这既是适应教育改革发展的需要，也是数学教育改革的重点。培育学生的创新意识和实践能力，是当前教育改革的必然，注重实践活动是数学课程的一个趋势。以实践活动为中心的小学数学课就是"做数学"的具体表现，学生通过动手操作，能够获得直接经验和亲身体验，促进思维的发展，让学生在解决具体问题的实践过程中，掌握和运用数学，在实践活动中，体验数学。

二、小学数学实践活动课的教学设计理念

数学实践活动是以学生为主体的探索性解决问题的活动，它应贯穿于数学教学的始终。开展综合实践学习活动课，特别要把握以下几个要求：

（1）坚持活动的原则。"眼看百遍不如手过一遍"，传统的教学方法，

不能提高学生的生活应用能力。因此，在教学设计中，我注重把数学知识和数学活动结合起来。

（2）坚持活动自主性原则。整个活动过程基本上是学生的自主活动，教师讲得很少，并且不代替学生做任何结论。放手让学生实践，这样，学生的思维就不会受到限制和约束，而且让每个学生参与活动，真正做到了面向每个学生。

（3）坚持活动兴趣性的原则。学生在活动过程中，自始至终都情绪高涨。活动的成功很大程度取决于愉悦的氛围，具有独特趣味的活动，能使学生乐于参与，并主动创造。

（4）坚持活动发展性原则。在设计活动课时要体现不同层次的要求，以使每个学生在各自的基础上都有所提高，各得其所，最大限度地使各自潜在的智能得到开发。

（5）坚持活动应用的广泛性。突出应用中学数学，展示数学的应用价值。学生参与了实践活动，运用知识解决身边一些简单的实际问题，提高解决实际问题的能力。

（6）坚持活动的参与性。关注全体学生是否自主参与，关注是否真正成为活动的小主人。力争让每一个学生都有事做，都能够做，也都能够发挥自己最佳的水平。

如人教版小学数学第三册在学习长度单位后，设计了一个实践活动课"我长高了"，通过剪一剪、比一比、画一画、量一量等活动，加深学生对米和厘米的认识，培养学生的实践能力和创造能力。在量一量中，让学生亲自动手，互相合作，分别量一量"两手伸开有多长""一步有多长""身高是多少""课桌有多高"等等，学生在测量的过程中知道正确的测量方法，感受到数学知识在日常生活中的运用，体会到成功的乐趣。

三、创设情境是开展数学实践活动课的前提

在学习活动课中精心地设计各种情境，数学学习必须是一个主动的过程，如何让学生主动地参与到实践活动中去，这就需要精心创设情境，吸引学生的活动兴趣，促进学生主动参与获得知识的活动过程。

创设生活情境。如一年级学生认识了人民币后，在随后的练习中，一些学生还经常出错。于是，我开展了"小小商店"的实践活动，先让学生自备各种商品，有玩具、学习用品、生活用品等，让他们自己制作简单的价签，贴在准备的物品上，然后再带进课堂，把教室模拟成"小小商店"，并让他们推荐出"柜台经理""收银员""售货员"的人选，其余的学生做"顾客"。此外还让学生了解社会中有哪些促销手段，在"小小商店"中进行展示。结果学生的积极性十分高涨，在每个柜台前各组成员都各自为政，"推销"自己的"商品"，学生拿出准备的纸币去争先购买，有的学生还不时地进行讨价还价。这时的学生，个个都显得很有经济头脑，很有经济意识。在此实践活动中，学生既加深了对人民币的认识，也巩固了人民币单位间的换算，更可贵的是让他们深刻体会到数学就在我们的身边，我们生活中处处充满数学，让他们提高了学习数学的兴趣，培养了解决问题的意识和能力。又如"巧算面积，铺地板砖"，通过动手、动脑、剪剪、拼拼和想象，培养学生动手技能，更好地发展学生形象思维，特别是发展空间和想象。整个实践活动过程基本是学生的自主学习活动，放手让学生自己观察、探索，学生可以更深入、更放开地去操作。

四、以实践活动为中心的小学数学课教学设计促进小学数学教学

小学数学是一门抽象性与逻辑性较强的学科，知识与知识之间往往存在某种逻辑关系。而小学生的思维偏向于形象思维，抽象的知识理解起来比较困难，所以教师在授课时应尽量将抽象的知识实践化和形象化，展示知识的形式应尽量接近学生心理特征。而以实践活动为中心的小学数学课教学恰恰为师生的教与学搭建了这个生动、形象、直观的平台。下面从三个方面进行阐述：

（1）以实践活动为中心的小学数学课教学有助于学生在表象积累中建立数学概念。概念教学是一个数学教学中的重点和难点，关于如何建立概念，新课程强化了概念的正确表象，而淡化了文字化的概括。学生在初步经历动手摸一摸感受周长后，进一步动手描一描，再次动手画一画、量一量认知周长。

（2）以实践活动为中心的小学数学课有助于学生经历知识的形成过程。新课标非常关注学生知识的经历过程，认为这样的一个过程符合儿童"感知——表象——概念——运用"的心理特征，让学生经历"体会——理解——巩固——应用"的学习过程，知识会学得更加扎实。例如学习长方形的计算公式，先让学生动手拼一拼，算周长。

第一步：拿出12个边长是1厘米的小正方形，拼成一个长方形。你们能拼出几种？算出他们的周长，比比它们的周长哪个最长？哪个最短？（小组活动）

第二步：小组汇报不同的拼法。（出示表格）

表1 长方形的长、宽及周长

长	宽	周长

第三步：学生学习活动交流。观察表格中的数据，说说你有什么发现？让学生自己探索已成为数学教学改革发展的趋向和热点。本环节在教师的引导下，学生在"量一量""围一围""摆一摆""拼一拼""估一估"等丰富的活动体验中，不仅巩固了周长的含义和计算方法，而且学会从多角度思考问题和用多种方法解决问题，合作交流能力、数学思考能力也同时得到发展。事实证明，正是学生有了这样自由探索的空间、自由摸索的时间、自由展示的天地，他们的个性才得到张扬，创新意识才得到发展。

（3）以实践活动为中心的小学数学课有助于突破小学数学教学难点。在小学数学教学中，教师往往会碰到一些教学难点，很难向学生言明，因为学生毕竟年纪小，比较偏向于形象思维。通过实践活动课，学生显然能很快理清思路。

总之，巧妙运用以实践活动为中心的小学数学课可以有效提高小学数学课堂效率。

五、实践活动课在小学数学教学中的应用实例

实践活动课在小学数学教学中的应用实例（以小学数学人教版上册四年级"1亿有多大？"为例）让学生在宽松的氛围中，经历猜测、实验、推理和对照的过程，自主完成研究活动，从而充分感知1亿有多大，并获得成功的体验。具体教学设计如下：

（一）实践活动课内容分析

为让学生感受"1亿"在我们生活中的每一个方面都存在着，它影响着我们的生活、工作和学习，从而对"1亿"有一个表象的认识，确定以"1亿有多大？"为主题，在全班开展实践活动。

（二）实践者分析

四年级的孩子大脑发育正好处于内部结构和功能完善的关键期，是培养学习能力、情绪能力、意志能力和学习习惯的最佳时期。同时，四年级孩子开始从被动的学习主体向主动的学习主体转变。思维能力的发展处于转折时期，抽象概括、分类、比较和推理能力开始形成；思维的敏捷性和灵活性提高，情感需求胜过严格要求。

（三）实践活动课目标

（1）认知目标。通过探究活动，经历猜想、实验、推理和对照的过程，利用可想象的素材培养对"1亿"大小的感性认识。

（2）能力目标。学生通过推算、操作、讨论、交流、猜测、验证，提高信息技术和探索、解决问题的能力。

（3）情感目标。创设师生互动情境，在宽松、和谐的学习氛围中，培养学生严谨科学的学习态度，进行热爱集体、勤俭节约、保护环境等品德教育。

（4）实践活动课策略。情境教学、动手感受、小组合作等。

（5）实践活动课设备。电子白板、多媒体课件、教具、学具、一定数量的稿纸、数学书等。

（四）实践活动课过程设计

1. 出示材料

设计意图：热门话题引入，一是激发学生的学习兴趣，二是让学生感受到大数在生活中的真实存在和经常性使用。初步让学生感受描述大数的一般方法，经常要借助于具体的实物来描述。

2. 引出问题

师：在我们的日常生活中，经常会看到一些较大的数，刚才我们看到的一组信息，就有万亿位单位的大数。你能想象、描述一下"1万"有多大，猜一猜"1亿"有多大吗？

3. 猜想举例

师：看来，这样抽象地说很难想象到底有多大，你能猜想一下1万张纸摞起来有多高吗？

4. 分组进行实践操作

分别测量10、100、1000张纸的高度，推算出1万张纸大约高1米。那么1亿张纸摞起来究竟有多高呢？

各小组依据方案开展实践活动，并将获得的数据、推算过程补充记录在记录表中，教师参与到学生活动中有针对性地指导、帮助。

5. 方法应用

设计意图：通过操作、讨论交流等活动，使学生在具体情境中体验"1亿"的大小，通过1万张纸的研究，丰富学生对"1亿"有多大的感受，使学生获得成功的喜悦。

6. 教学实践与反思

本课设计在新港小学四年级（2）班进行学习活动实践，基本达到预设目标，学生基本体会1亿这个数有多大，通过探究实践活动，经历猜想、测量、推理和对照的过程，利用可想象的素材充分感受"1亿"这个数有多大。这节课学生的参与率较高，学生积极举手回答，43人中有35人次被教师提问到（占81.4%）。几点思考：

（1）以实践活动为中心的小学数学课是一种教学策略。精心设计的活动内容，活跃了课堂气氛，大大提高学生参与的积极性。

（2）为学生创设了宽松的学习空间。由于学生的活动经验和知识基础不同，对"1亿"的猜想也各种各样，这些猜想大都是凭感觉的，不符合实际的，但教师并不能遏制学生的想象，而是应该给学生一个宽松的空间，使他们在想象和争论中被激起探索的兴趣和欲望。

（3）对教材进行再次处理与设计，有助于激发学生的发散性思维。如活动中1亿张纸的高度是无法测量的，学生想到可先测量100张或1000张纸的高度，再推算1亿张纸的高度，一下子学生的思维都拓展开来。这样把复杂问题化成简单问题，一步一步解决，让学生在学习活动中亲身体验、领悟，由局部推算整体的研究方法。

（五）以实践活动为中心的小学数学课教学在小学数学教学应用中存在的不足与挑战

综上所述，在实际的教学中，我还是遇到了这样那样的问题，如课堂纪律的组织，实践活动的可操作性等，请教了有经验的教师或书本，不断思考、探索。总之，通过实践，我认为，好的数学教学应该给学生提供充分的实践活动时间，使学生能在活动中学习数学，在实践中提高数学素质。通过活动课，即训练学生灵活运用所学知识的能力，培养数学兴趣，又使学生的个性、心理、特长、能力得到了充分发挥。

参考文献

［1］周锡华.小学数学实践活动方案设计［M］.北京：南方出版社，2002.

［2］卢江，杨刚.新课标课堂教学设计与案例［M］.延边：延边教育出版社，2006.

［3］人民教育出版社小学数学室.新课标精品教案［M］.北京：人民教育出版社，2008.

［4］中华人民共和国教育部.小学数学新课程标准（2011年修改稿）［S］.北京：北京师范大学出版社，2012.

智慧教学，高效课堂

广州市黄埔区新港小学　吴晓明

新课程改革提倡提高教学效率，让课堂更高效的呼声越来越大，那么作为一名教师，如何上好一节课，如何让这40分钟的课更加高效率是个永远都不过时的研究课题。如果学生能够在课堂上做到认认真真地听讲，把本节课所需要掌握的知识扎扎实实地学好，那么，对教师来说这会使教学变得更加轻松，而对学生来说也会觉得学习不再像是高山那么难以攀登了。下面，我将分别从何谓高效课堂和如何使课堂高效两个方面谈一谈个人的一点点看法。

首先，何谓高效课堂，我们又要如何把握好高效这两个字呢？我认为高效课堂可以分别从教师和学生两个层面上来讲。

从学生的角度来讲，高效课堂应具备以下条件：①学生对新课程标准规定的三维教学目标的达成度要完成一定的高度；②在实现教学目标达成的过程中，大部分学生应该完成主动参与到课堂中并在教师的引导下能做到积极思考。从学生的这个角度来说的话，其实高效课堂就是学生能够做到主动学习、积极思考的课堂，是学生充分自主学习的课堂，是学生对所学内容主动实现意义建构的课堂。

从教师角度来说，高效课堂可以从以下三个方面来讨论：①教师能够依据新课程标准的要求和学生的实际情况，科学合理地确定课堂的三维教学目标。②教学的过程必须是学生主动参与的过程。这种主动参与主要体现在教师是否采取灵活机动的教学策略，用以调动学生学习的积极性，能否积极引导学生积极思维，能否给予学生更多的时间和机会进行必要的合作和展示，使全班学生分享彼此的学习成果。③教学中适时跟进、监测、反馈、消化，以多种多样的方式来巩固学生的学习成果，使三维教学目标的达成度更高。

那么，最重点的是我们又应该怎么做才能使我们的课堂成为一个高效的课堂呢？我想从以下五个方面说说我的一点小小的看法和想法。

（1）我认为作为一名教师，要使课堂更有效，首先，最重要的是要对学生的基本情况做到了如指掌，包括这个班的学生的学习习惯、成绩、基础知识的掌握等各方面，这些都是影响教师上课方式的重要因素。所以，我认为当一个教师接手一个新的班级的时候，应该先从各个方面了解学生各个方面的情况，例如，可以从以前教过这个班的教师们那里了解一些基础的情况，可以通过课后跟学生聊天了解孩子们的性格情况，可以通过开学测验或者前一学期的成绩了解学生的大体情况，也可通过跟家长沟通和手上学生的资料了解孩子们的一些基本的家庭情况等。如果教师能从各个方面来了解学生一些基本的情况，那么将大大有益于教师对课堂的准备。

（2）其次，作为一名教师，在上课之前，备好课是上好一节课的前提，所以，我认为在上课之前，一定要先仔细研读课本、教师用书等与课本内容相关的资料。我认为，研读教材可从以下三个方面入手：①备课前一定要先吃透新课程标准，能清楚了解新课程标准的基本要求、基本内容；②要吃透教材编写的意图，弄清楚该节课的学习内容与前后知识之间的相互联系，以避免出现知识重复、知识遗漏等错误；③认真研读本课内容的每个细节，把握好教学内容的教学目标，教学的重点、难点等。另外，同年级的教师尽可能做到集体备课，在备课过程中各抒己见，所谓"三人行，必有我师焉"，必能在此过程中学到他人的真知灼见，也能在此过程中发现自己的不足之处或者提醒自己不要重复他人的错误。

（3）作为一名年轻的教师，我认为一定要找机会多参加学习，比如可以多听一些专家的讲座，如能得到专家的一些指点，那一定是受益匪浅的。也可以抽时间多听听本学校优秀教师的课，多听听区、市的一些公开课，不论是不是本年级的课程，这也是一名年轻教师能尽快成长起来的一条捷径。多听课，我们可以从其他人的课中发现自己的不足之处加以改进，也可以向别人学习到优秀的教学经验，站在巨人的肩膀上可以让我们看得更高走得更远。

（4）不论教师在上课之前做了多么充足的准备，最关键的还是在课堂上如何将自己做好的知识准备传授给学生，这将是让课堂更加有益高效的重中之重。那么，教师如何在这说长不长、说短不短的40分钟内让学生掌握到这节课所需要掌握的知识点呢？第一，我认为，不管一个教师课后和学生如何亦师亦友地相处，在课堂上，教师就应该有教师的威严，这样才能让学生跟着教师的思路走。第二，在课堂上教师要尽量做到关注每一个学生，要多关注中等生和较差学生的反应，以便及时调整自己的教学。第三，对于低年级的学生，教师可以用一些比较生动有趣的动画之类的课件来吸引孩子的注意力，还可以设计一些比较有趣的小游戏。例如，我在担任一年级的数学教师时，其中有一个知识点是讲"几和第几"，我便邀请了7名孩子上讲台一起做"将军点兵"的游戏，我出问题，问题的答案是哪个孩子，便是哪个孩子站出来，问题大致是：请左边第5个同学站出来，请右边4个同学蹲下，请最右边的同学扮鬼脸，等等。这节课在大家的欢声笑语中度过，而且孩子们对这个知识点也学得很好，我想，这大概也是寓教于乐的一个体现吧。第四，课堂上教师还要把握好时间，不能一整节课都是在讲解新知识，而是应该将讲解新知识和做练习巩固相结合，让学生在练习中体会到新知识的用处，在讲解新知识的过程中，也要多注意让学生参与其中，做到主动参与学习、积极思考，若是学生能够通过自主学习而掌握到新知识，那才是学生将新知识记入脑海的最好途径。第五，对于低年级的孩子来说，有时候很难做到一节课都集中精神认真听课，有时候会被窗外的一些美景悄悄吸引了注意力，那么除了尽可能让课堂生动有趣外，有的时候，我还会用"排火车"的小活动来"唤回"他们的注意力，即按照一定的顺序（可以从左往右，可以从前到后，可以按照学号顺序），随机从某一位同学开始一人一题回答问题，那么如果有人不知道回答什么，这个时候就能知道哪个同学没有集中精神，而这时也可以给这个孩子一个提醒：老师已经注意到你了。这样，孩子很快又会把注意力拉回到课堂上。

（5）高效课堂除了体现在课堂上，课堂后的教师的一些做法也可以从不同的方面来弥补课堂上的一些不足。那么，我认为，在上完课之后，教师可以从以下两个方面来加以补充课堂的不足之处：①教师在批改作业的时候，要多关注大部分学生容易出错的地方，那便是课堂上大部分学生没弄懂的地方，这时便需要教师再补充讲解一些相关的练习；②在课后，要对差生进行辅导，让学习较差的孩子能一步一步慢慢地跟上大部队的脚步。另外，对于学习比较突出的孩子，教师也可以安排提高性的训练，这样可以让孩子们的才能都得到应有的发挥。

上面我们一直在讨论的是如何让课堂更高效，但是，从另一方面讲，既然教学有高效，那么自然也是有低效的，甚至会出现无效教学或者更甚的会出现负效的教学，也就是教不如不教，所以，我们要谈高效就要在有效的课堂的基础上才能够有资格来谈高效。在我看来，学生是一个鲜活的生命，教学并不是要把所有的知识都强制性灌给学生，我们要做的其实是教给学生学习的能力，让学生学会自主学习、主动学习，从而使学生能在学习中找到学习的乐趣，在解题中感受到学习的快乐，让学生发自内心地向往学习，发自内心地追求学习。教师也要做到尊重学生的个体差异性，让学生发挥各自在学习上的才能，而不是抑制学生的发展。如果在课堂上，教师的智慧和学生的智慧都能得到充分的发挥，那么这样的课堂一定称得上是一个高效的课堂。

以上所说仅仅只是教学上一点点小小的感悟，而我始终相信，只有师生和谐、师生共同努力、师生一同学习的课堂才是更有益、更高效的课堂。

巧设活动，促进概念的建立

——浅谈如何提高小学数学概念教学的高效性

广州市黄埔区新港小学 许少琼

一、概念教学的背景与现状分析

概念是思维的重要方面。概念的形成和发展是认知发展的重要组成部分。"学生只有建立起某种概念，才能用它进行抽象、概括、判断和推理，用它来分析问题和解决问题"。

在小学数学中，概念教学不仅是重要的组成部分，同时也为后续学习奠定基础。概念教学往往放在某个知识块教学的第一步，或者分阶段不断深化对概念的理解，一般放在某个单元学习的第一课。那么怎样走好这第一步显得尤为重要，但概念往往是精确的、抽象的，而小学生现阶段的思维还偏向于具体形象的，那么概念特点与学生思维特点之间的矛盾必然使学生在学习概念时会发生一些困难，教师在实施概念教学时也往往很困惑。好像讲的时候学生是理解了，但一旦应用迁移起来就发现，其实学生对概念的理解是不够透彻的。发现问题才倒回头去补概念已经为时已晚，效果不佳。那么，怎样在第一课时的关键认知时段帮助学生去突破难点，建立概念呢？本文将从概念的内涵、概念形成的过程性、怎样设计有针对性的活动等方面来阐述。

二、理解概念的内涵是关键

概念的内涵就是概念对事物的特有属性的反映。概念的外延就是具体的、具有概念所反映的特有属性的那些事物。比如，平行线的内涵是在同一平面内不相交的两条直线。而外延可以是斑马线、楼梯的台阶、方桌的两组对边等。

学生在学习平行线的时候，可以借用外延的实际例子来帮助理解内涵，而真正理解了内涵才能解决生活当中的实际问题，在应用和解决问题的过程中又再一次深化了对概念内涵的理解，从而建立起知识模型。这就要求教师对概念的内涵的理解要到位，同时对学生的心理特征及已有知识经验的把握要准确。

三、概念的引出要体现其必要性

概念的内涵往往是用非常精准的语言来描述，非常简明扼要并且抽象，如果直接把概念塞给学生，学生往往是囫囵吞枣，知其然而不知其所以然。所以概念的引出要体现其必要性，符合人的求知欲，引人入胜，激发学生探究的兴趣。例如，在教学人教版小学数学二年级上册"乘法的初步认识"时，笔者引导学生用已学的同数连加的方法来解决问题，借此进行变式，增加加数的个数，追问学生，当过山车有10节，有20节时候，我们要加几个2才能算出过山车上的总人数？学生自然而然回答，加10个，加20个。教师顺势提问，加这么多个你觉得怎么样，麻不麻烦。学生回答麻烦，书写也不方便。从而揭示今天要学习的主题——像这样同数相加，我们还可以用乘法来表示，怎样表示呢？我们一起来看看，具体如图1。这样的引入让学生切身体会学习乘法的必要性，实现让学生主动了解"为什么要学"。

$$2+2+2+2+2+2+2=14（人）$$
$$7个2相加$$
$$2×7=14 读作2乘7等于14$$
$$7×2=14 读作7乘2等于14$$
$$\vdots$$
$$乘法$$

图1

四、注重概念的形成过程

鉴于小学生的心理发展特征，小学数学的安排也体现了其过程性。例如，人教版小学数学二年级上册第三单元"角的初步认识"中，对角的概念采用的是描述式的，"上面的图形都是角"。学生只需要知道角有一个顶点和两条边。四年级上册第三单元"角的度量"中，关于角的学习则采用定义的方式——"从一点引出两条射线所组成的图形叫作角",这时候要求学生真正理解角的内涵是一个点引出的两条射线。角的大小上,二年级上册中,学生只需能分辨锐角、直角、钝角就行,都是借用三角板上的直角进行判断,渗透了叠合法。而四年级上册中,角的大小则涉及使用量角器进行测量。所以教师在教学概念时,应对整个小学阶段的这块知识进行梳理,具体在哪个学段达到怎样的目标要明确,不能降低目标,也不能拔高目标。

另外,"由于数学具有高度的抽象性,而小学生往往缺乏感性经验,所以只有通过亲自操作,获得直接的经验,才便于在此基础上进行正确的抽象和概括,形成数学的概念和法则"。因此在实施概念教学时,教师应舍得花时间在操作活动上,通过一系列的活动积累帮助学生形成表象,理解概念。例如,在教学人教版小学数学三年级上册第7单元的"认识周长"时,教师可以设计一系列有针对性的活动和习题帮助学生理解"什么是周长"。活动可以分三个层次,首先是直接感官的摸一摸,让孩子用手指摸一摸课本、钟表、三角板等实物的周长,让孩子确实感受周长,其次是描一描,描出给出图形(包括规则和不规则)的周长,正面强化学生对周长的理解,再次设计一道辨析题,让孩子判断下图涂的是否是周长,反面验证什么是周长,具体如图2。进而顺势小结本课的重点"封闭图形一周的长度,是它的周长"。通过这三项活动的层层深入,学生对周长的理解比较到位,为后面学习周长的计算及解决问题奠定基础。

下图描的是否是周长?

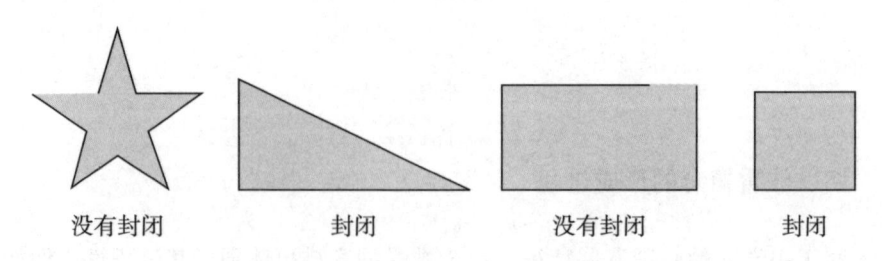

没有封闭　　封闭　　没有封闭　　封闭

封闭图形一周用的长度,是它的周长。

图2

五、找准难点，巧设活动帮助学生理解概念

【**案例一**】在教学人教版小学数学三年级上册第5单元"倍的认识"时，鉴于"倍"是学生第一次接触，而本单元学习的重点和难点就在于倍的概念的建立，一旦学生在第一节课中真实建立起倍的概念，在后续学习"一个数是另一个数的几倍"及"求一个数的几倍是多少"时各种问题都会迎刃而解。通过研读教材发现，教材例1的主题中一下子出现了五个量（包括红萝卜、胡萝卜、白萝卜、灰兔和白兔），一定程度上干扰了学生的理解。对于第一节的概念课，越简单明了越有助于学生理解和迁移概念。所以笔者在执教本节课时，对教材的例题进行改动，改成第一次只出现两个量，通过圈一圈并借用已有的"几个几"的知识引导学生初步理解"一个数里面有几个另一个数，就说一个数是另一个数的几倍"，具体如图3。练习时再改变比较量、标准量，多维度地帮助孩子深化对倍的认识。笔者采用了教材中的"圈一圈""摆一摆"，又自主设计了"拍手游戏""涂一涂"等练习，有梯度地逐步深化孩子对倍的理解。具体如图4、图5、图6。通过这节课的实践，发现学生对于倍的理解还是比较到位。

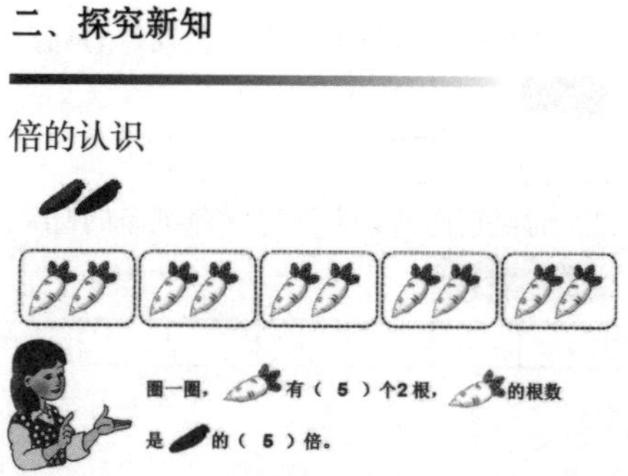

二、探究新知

倍的认识

圈一圈，有（ 5 ）个2根，＿的根数
是＿的（ 5 ）倍。

图3

三、知识运用

（一）圈一圈，做一做

●的个数是●的（3）倍，●的个数是●的（4）倍。

图4

我拍2下，你们拍的是我的3倍。
我拍2下，你们拍的是我的5倍。
我拍4下，你们拍的是我的2倍。

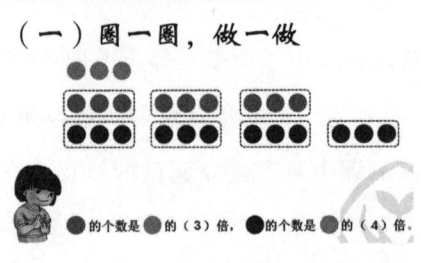

图5

三、知识运用

1、请在空白纸条上涂出深色纸条的4倍

2、请在空白纸条上涂出深色纸条的2倍

图6

【案例二】乘法的学习，关键在于理解乘法的意义，会背诵乘法口诀、会算乘法不代表真的掌握了乘法。只有理解了乘法的意义，才能很好地背诵口诀，口算乘法和运用乘法解决问题。在教学人教版小学数学二年级上册第4单元表内乘法（一）的第一课时"乘法的初步认识"时，教材连续出现了三个小例题，在同样经历圈一圈并列加法算式后，教师对每一个例题要重点突破什么进行细化。第一个例题主要让孩子通过观察图中每一架小飞机的人数及每一个加数的特点，进而引导孩子认识"相同加数"；第二个例题侧重引导孩子发现同数相加与几个几之间的联系；第三个例子则侧重让孩子感受用乘法来表示的必要性，借此引出乘法，分析乘法每一部分的含义，并引导学生归纳小结"怎样的加法可以用乘法来表示"，当学生觉得有困难时，可以借用反例如"1+2+5+8可以用乘法来表示吗？为什么？"引导帮助学生发现。实践证明，通过反例的验证，学生很快就发现加数相同的加法可以用乘法来表示，对乘法意义的理解也更加到位了，详情请见以下教学片断。

【教学片段】

一、讲授新知

（一）认识相同加数，感受同数相加的特征

小飞机里共有多少人？

图7

（1）你能列一个加法算式来解决问题吗？

3+3+3+3+3=15（人）

（2）请观察，每只小飞机里的人数有什么特点？

（都是3个人）

（3）请你观察一下，这个加法算式有什么特点？（加数相同，都是3）

师：像这样的数，我们把它叫作"相同加数"。

（4）请看图，并拿出学案，动笔圈一圈，圈完回答这里一共有几个3？

设计意图：通过圈一圈、观察每只小飞机的人数等活动，发现并认识相同加数，初步构建同数连加与几个几之间的联系。

（二）强化相同数连加与"几个几"之间的联系

小火车里共有多少人？

图8

引言：小火车里的小朋友也玩得很开心，我们一起来看看有多少人玩小火车？每一节小火车里的人数有什么特点？（每节小火车里都坐了6个人）

（1）师问：怎样求小火车里共有多少人？请你圈一圈，再列式。

6+6+6+6=24（人）

（2）追问：你能使用简单的数学语言，让大家一听就明白吗？（4个6相加）

（3）加数是几？（相同加数是6）

设计意图：通过圈一圈、列同数连加、使用几个几来表述等活动进一步构建同数相加与几个几之间的联系。

（三）感受乘法的必要性

过山车里共有多少人？

图9

引言：最刺激的要数过山车啦！我们一起来看看过山车里共有多少人！

（1）请你圈一圈，标一标。

（2）你能用一个加法算式表示吗？

2+2+2+2+2+2+2=14（人）

（3）师：谁能说说写这个算式的时候有什么感受？

（4）师追问：如果这列过山车再长点，需要算10个2，20个2相加，是不是非常麻烦？

（5）揭示主题——在数学上，像这种加数相同的加法，还可以用乘法来表示，怎样表示呢？我们一起来看看。

$$\underbrace{2+2+2+2+2+2+2}_{7个2相加}=14（人）$$

2×7=14 读作 2乘7等于14

7×2=14 读作 7乘2等于14

⋮

乘法

设计意图：通过增加相同加数的个数，使学生发现用连加解决的局限性与烦琐性，突出认识乘法的必要性。借此在前面两个例子的基础上，借用同数相加及"几个几"的联系认识乘法，并借用具体的表象理解乘法的意义。

（四）对比加法与乘法，感受乘法的简洁性

（1）对比一下以上的加法算式和乘法算式，你更喜欢用哪种方法来表示？为什么？

（2）加法中的2表示什么？14表示什么？乘法中的2表示什么？14表示什么？7又表示什么？

（3）能把上面两个加法改写成乘法吗？请试试。

$$\underbrace{3+3+3+3+3}_{5个3相加}=15（人）\qquad \underbrace{6+6+6+6}_{4个6相加}=24（人）$$

3×5=15　　　　　　　6×4=24

5×3=15　　　　　　　4×6=24

（4）你还能举例说明什么样的加法能改写成乘法吗？

学生举例……

设计意图：通过对比、说一说等活动，进一步强化学生对乘法意义的理解。

六、有效的概念教学对教师提出了更高的要求

小学数学的概念教学对于整个小学阶段的学习来说是尤为重要的，那么教师应该怎样带着学生走好这关键的第一步呢？这就要求教师要做到仔细研读教

参、教材及数学教学相关的专业书籍，真正理解概念的内涵，分析学生的认知心理特征及已有的知识经验，找准学生学习的困难点及突破口，进而设计有效的新授和练习活动，帮助学生理解并建立概念。

参考文献

［1］课程教材教师用书研究所小学数学课程教材教师用书研究开发中心.小学数学教师教学用书人教版二年级上册［M］.北京：人民教育出版社，2013.

［2］小学数学课程教材研究开发中心.小学数学教师教学用书人教版三年级上册［M］.北京：人民教育出版社，2014.

［3］人民教育出版社课程教材研究所.小学数学教师教学用书人教版四年级上册［M］.北京：人民教育出版社，2014.

关于打造小学英语高效灵动课堂的探索

广州市黄埔区新港小学　袁丹

一、建立和谐的师生关系是课堂高效的先决条件

1. 注重情感教育，与学生产生情感共鸣

我们都知道，要想让学生喜欢英语这门课，首先要让学生喜欢你这个教师，让学生们从内心深处真正把英语教师当作自己最可信赖的好朋友。

2. 多鼓励，多表扬，少批评，注意保护学生的自尊心

小学生的天性：爱表现，想得到教师的表扬。即使小学生身上有这样那样的缺点，我们一定要适时适度捕捉他们学习英语过程中的闪光点，循循善诱，用心和孩子们交流，增强他们学习的信心。比如：四（1）班的何鹏同学，自控力较差，你看他坐在座位上，屁股乱扭、小手乱动，怎么办呢？我在上课之前先和他约法三章：坚持上好一节课记一面小红旗，四面红旗得一张小贴画、四张小贴画得一个笔记本，就这样这个孩子上英语课时注意力比以前更集中了，学习也有很大的进步。

二、优化教学方法，采用丰富多彩的课堂活动是课堂高效的关键

1. 导入新颖，先声夺人

俗话说"良好的开端是成功的一半"，导入新课是新授课的首要环节，精心设计好这个"开端"，使学生从新课开始，就产生强烈的求知欲望，对学生来说学习新知是至关重要的。因此，教师一定要巧设开头、先声夺人，在最短的时间内，使学生进入最佳的学习状态。可以设计的导入方式有多种：歌曲导入、图片或幻灯片导入、情境导入等，多种多样，没有固定的模式。

2. 以活动为核心，激发学生深层兴趣，让学生在学中用，在用中学，从而培养学生语言运用能力

在教学中，作为小学英语教师，一定要始终以"活动，训练"为主线，结合学生实际，采用多种手段和方式，调动学生的积极性，激发学生学习英语的兴趣，从而达到优化课堂教学的目的。教材基本上是以对话形式出现的，并夹带了一定的故事、游戏、歌曲等，而且图文并茂，容易唤起学生情感的共鸣，激发学生的兴趣。爱玩爱动、反应灵敏、模仿能力强是小学生的天性。在教学过程中，我设计了较多的游戏，目的就是鼓励学生大胆使用英语，培养学生学习英语的意识，增强学生学习的趣味性。如在教各种小动物的名称时，我就让学生们用自带、画画或剪纸等各种形式去搜集，并且不停地问学生："What's this？What's that？"学生们热情高涨，师生在非常愉快的气氛中完成了教学内容。如在"We Love Animals."练习动物的单词时，我设计了一个"动物明星秀"的活动，让一些同学戴上动物的头饰，来扮演动物并向同学们介绍自己，其他同学如果喜欢哪种动物就大声说出它的名字。如S1：Hello，I'm Mr. Dog. I'm your friend . Woof, woof. S2：Dog，Dog.学生把动物的神态和叫声模仿得惟妙惟肖，他们在这种身临其境的参与中感受到了英语课堂的魅力，激发了学生的求知欲和学习兴趣，使学生乐学，乐说。

3. 营造"英语环境"，鼓励学生大胆说、大胆表演

学生只有对自己、对英语、对学习英语有积极的态度，才能保持英语学习持续不断的动力，才能在学业上有收获、有进步、有提高。因此，在教学英语时，教学手段是十分重要的。小学生的思维具有明显的直观性、形象性。教学中，我常用的是表演巩固法，在呈现新课前的几分钟让学生表演巩固已学句子，起到温故而知新的作用。表演可以是小组表演、男女表演。我在上课之前有个惯例，那就是先进行"Free Talk"两分钟。题材、内容不限，尽量多说，鼓励他们能说什么就说什么，想到什么就说什么，说多说少也没关系。不断鼓励学生不怕说错，并强调错得多说明说得多、想得多，才会有更大的进步，并且给予学生肯定的评价。目的是营造那种轻松、和谐的氛围，锻炼同学们的语言表达能力。

4. 培养学生自主学习的能力

新课程坚持以充分调动学生的学习积极性、充分发挥学生的主体作用、培养学生的自学能力为主要任务，这也是构建有效课堂、高效课堂的主要目标。将学生置于一种动态、开放、主动、多元的学习环境之中，培养学生积极主动参与学习的意识，使他们学会学习，成为学习的真正主人。英语的教学特色是充分发挥其语言功能，讲究对话的艺术。这就要求全体学生主动参与，克服羞于开口的毛病，积极开展语言交际活动。每一课，笔者都尽量创设情境并提供广泛的语言材料，让学生进行听说读写的训练。如：在进行Listen and say 教学环节时，笔者让学生看图听录音跟读，然后口述、表演整个故事情节。经过长期的训练，学生的表现力由胆怯别扭到自然大方，口语能力从不敢开口到结结巴巴，再到比较流利。在英语教学中，充分利用歌曲，可收到可喜的效果。如：在教1~10的英语数字时，我就利用歌曲《How old are you》通过替换歌词，让学生吟唱从1~10岁的歌词内容。学生在优美的旋律中很快就学会了1~10的数字。在课堂上，借用图画，巧妙地改动同一幅画来组成各种各样的新图画。既可使学生在画画的同时，加深对单词的印象，还可以发挥他们的想象力。

如：笔者在教了circle（圆）这个单词后，让学生在圆上添加两笔，使其变成不同的东西。这样一来，学生画出了许多不同的画，同时也复习了许多单词，如：apple、orange、clock、cat……

5. 开展小组学习活动

为提高英语课堂效率，消除英语学习中严重的两极分化现象，我在英语教学中尝试使用小组活动形式教学，这样有利于创设良好的言语交际环境，在有限的教学时间内大幅度地增加了学生竞争向上的精神，提高学生学习的主动性，促进学生在掌握知识的过程中积极思维，发展个性，互助共进。

例如，我在教学Story time 这篇课文时，都会让学生小组合作，进行角色扮演，然后上来表演。

6. 采用竞争机制，游戏比赛进入课堂

爱表现是孩子的天性，运用比赛，可以最大限度地发挥学生的潜能，开发学生的思维。项目可以有多种：朗读比赛，字母、单词书写比赛，赛拼读音标

的速度和能力，讲故事比赛，口语交际比赛等。如：我在教学中经常采用爬高楼夺红旗的形式组织朗读接力比赛，课文中有几个句子就设计成几层高楼，让学生分为Hamburger队和French fries队进行比赛，各组选出几名代表，用秒表分别测出两队的接力比赛的时间，看哪个小组能夺得红旗，这样，参与学生你争我赶，唯恐落后，其他同学屏神静息，等比赛结束，获胜方都兴奋地扬起了小脸。

7.巧妙使用多媒体课件，促使学生在活动中努力思考，发展学生思维

小学生听觉灵敏，善于模仿，具体形象思维好、善于想象，活泼好动，教师可以借助多种媒体创设各种情境，使教学内容形象、具体、生动，让学生在轻松愉快的气氛中，既进行了综合语言训练，又体会到了学习的乐趣。在教学中，应该利用VCD、电脑等现代教育媒体让教科书动起来、发出声来，使"活"的教科书震撼学生的心灵、开发学生的智力，培养学生的创新能力。在学习"What's this？""What's your name？""How old are you？"等句型时，我运用了"金太阳"这一配套教学光盘。这套光盘为每个单元都创设好了与对话内容相应的场景，在每一场景中，多媒体技术显示出其巨大的优越性，使学生的注意力被牢牢地吸引住了。由于教学方法的多彩多姿，课堂教学充满了生气，学生学得生动活泼，充分发挥了学生的主体性，发展了学生的个性。因此，教师要尽可能地为学生提供学习空间，让不同的学生在学习过程中获得乐趣，获得满足感与成功感。

8. 使用合理的评价手段

学习最大的快乐在于经过艰苦努力而获得成功。成功的学习再得到教师的表扬，能推动学生进一步提高学习兴趣。对任何一个学生进行评价时，切不可轻描淡写，一笔带过。在评价中我经常用深情的赞许或热情的鼓励，以巩固提高学生的学习兴趣。有时也会准备一些小礼物奖励他们。与此同时，我还根据学生回答问题的具体情况，有针对性地进行点评，指出存在的不足与优势，从而激发学生的兴趣。

总之，一节课的时间是有限的，然而知识是无限的，学生的大脑潜能更是无限的，我们应当不断反思自己的教学，采取灵活的教学方式和评价手段，吸引学生积极参与课堂活动，激发他们的学习兴趣，让学生真正成为学习的主体，感受成功的体验，让小学英语课堂精彩高效。

参考文献

[1] 曹强.构建小学英语"高效课堂"教学模式的探讨［J］.教育教学论坛，2011，（18）.

[2] 张纪欲.自主互助，合作探究，打造高效英语课堂［J］.科技信息，2008，（35）.

[3] 卢少延.提高英语教学质量，构建高效英语课堂［J］.中国校外教育，2010，（7）.

浅谈如何打造小学英语高效课堂

广州市黄埔区新港小学　陈燕灵

高效的小学英语课堂教学是指教师遵循教学活动的客观规律，使用恰当的教学策略，以尽量少的时间、精力和物力投入，取得尽可能多的教学效果。智慧课堂是通过教师"教"的智慧激活学生"学"的智慧，是师生智慧互动共生的过程与结果。

近年来，各地继续规范办学行为，实施新课程改革，强力推进素质教育。素质教育是教师们所殷切期盼的，但在全面实施素质教育后，教师们反映了很多不适应的地方：由于严格落实课程方案，各学科课时大量减少，但总的要求没有发生太大变化，教学任务依旧，升学压力依旧。教师在安排教学内容时总感觉捉襟见肘，一些本应该拓展的内容不能拓展了，一些本应该加深的难度不能加深了。

因此，我们要改变传统的课堂教学模式，构建自主高效、智慧的课堂教学模式，让学生幸福快乐地学习，从根本上改变教师的教学方式和学生的学习方式，以人为本，关注生命，关注发展，真正以学生的成长和发展为中心，即构建高效课堂是新课改的重中之重。

那么，如何在素质教育下打造"高效课堂"呢？笔者认为总体来说必须达到以下三个要求：①备课求"实"；②课堂应"活"；③高效、智慧的教学评价。

一、备课求"实"——预设、生成，相辅相成

作为一名教师，在备课前要吃透教材，力求备课准确到位，做好课堂教学

预设。因此，必须明确编者意图，明确每节课所学的知识点、知识块在整个单元、整册教材、整个学段所处的地位、作用。每节课的重点、难点、关键点都做到心中有数。当然，教材是专家编的供学生学习的材料，内容单一、片面，所以教师不能完全依赖教材，照本宣科。可以将相关的课外材料引入课堂，使现有的课本与课外的材料相互补充，使我们的课堂更加有血有肉，更加形象生动，激发学生的学习兴趣，拓宽学生的知识面。同时，教材并不是一成不变的，有时为了更好地实施教学，我们需要科学重组教学内容，大胆地改造教材，让教材"为我所用，为生所用"。

课堂教学需要预设，但也不是按部就班，连说开场白、过渡语、结束语都预设好，甚至将语气、手势、表情都事先设计好，这不是教学而是演戏。同时，过度强调现场生成教学，可能是脚踩西瓜皮——滑到哪里就到哪里。预设与生成应该是相辅相成，互为作用，通过预设去促进生成，通过生成去完成预设的目标。有效的预设应促进课堂上的有效生成。有效的预设应有教学梯度，而不是盲目的、随意的，它应促进课堂教学向纵深发展。与其把生成看成一种意外的收获，不如把生成当成一种价值追求，当成彰显课堂生命活力的常态要求。我们说，预设是为了更好地生成，一堂充满生机活力的课必须要创设有效乃至高效的预设。

二、课堂应"活"，尽力做到

1. 激发积极主动的学习动机

心理学研究表明，动机是直接推动个体活动以满足某种需要的内部状态，是行为的直接原因和内部动力。英语课堂上，教师应当抓住学生感兴趣的话题，利用他们的期盼与关注心理，激发学生对词汇、句型、语法等知识的学习动机。例如，教科版英语三年级第一、二模块，主要讲"打招呼和家庭成员名称"这一与学生生活密切相关的话题。教学中，教师借助真实的案例，让学生给自己的朋友、家人打电话。学生在信件书写的实际操练中巩固所学句型、查找知识漏洞，遇到问题主动查阅课文、请教教师，一封封情真意切、文句流畅的信件呼之欲出。通过这一单元的学习，学生不仅习得了语言知识，更得到了情感、态度与价值观的熏染——了解到如何与别人相处，使态度宽容、理解、真诚、友善等文明风貌在课堂内外得到呼应与延伸。

2. 营造"多向互动交往"的教学氛围

传统的英语课堂存在"单向传输"的弊端，智慧课堂则应重视处于不同状态的教师和学生在教学过程中的多种需求与潜在能力，并把着力点放在师生的"多向互动交往"上。

美国著名教育家鲍里奇认为，要实现课堂上的"多向互动交往"，教师的作用主要体现在：

（1）提出有挑战性的问题，尤其是学生现实生活中的实际问题。

（2）允许学生自主选择并开展小组合作学习。

（3）提供充足的机会尽可能让所有学生都能参与。

（4）指导学生学习的方法和认知策略。

（5）根据需要调节内容的流量以及信息的等级、复杂度对学生的学习进行监控。

3. 涵养质疑问难的思维品质

思维性是智慧课堂不可或缺的主要部分，也是教学的主要目的之一。教师应当引导学生围绕问题展开探索和研究，让学生在"问题"中生疑、质疑、释疑，提高质疑问难的能力。问题的设计，要注意以下两点：①问题要成为串起探究活动的主线。教材中的知识点很多，表面看起来也很琐碎，如果找不到抓手、拎不起主线，学习内容就会像一盘散沙，支离破碎。②问题要面向全体学生，遵循"最近发展区"原则。在学生现有的知识背景、心智水平的基础上提问，有助于学生循序渐进地深入思考。

4. 让学生在体验中习得知识

布鲁纳的学习理论认为，认识是一个过程，而不是一种产品。可见，学习不仅是要让学生掌握这些知识，更要让他们在情境体验中不着痕迹地获得知识，这是智慧课堂的又一要旨所在。

苏霍姆林斯基曾说："一个人到学校上学，不仅是为了取得一份知识的行囊，而主要是获得聪明。因此我们主要的努力就不应该仅用在记忆上，而应该用在思考上。所以，真正的学校应是一个积极思考的王国，必须让学生生活在思考的世界里。"构建智慧课堂，"让学生生活在思考的世界里"，每一位教师都应身体力行。

三、高效、智慧的教学评价

教学评价是实现小学英语有效教学的一个重要的构成要素，是实现课程目标、提高教学效益的重要保障。有效的教学评价必须具备以下功能：

1. 有效诊断教学问题

有效的教学评价能够帮助教师和学生发现教学进程中存在的问题。首先，通过评价，教师能够比较准确地判断学生实际学习水平与教学目标之间的真实差距，诊断出学生学习中存在的问题，以及这些问题产生的原因，从而为教师有针对性地解决问题奠定了基础。其次，通过评价，教师能够对自己的教学活动进行诊断，如教学目标的确定是否合理，教学内容的选择是否恰当，教学方法的运用是否有效，从而为教学策略的调整、教学措施的改进提供客观依据。

2. 有效反馈教学信息

有效的教学评价是教学信息反馈的重要途径。通过评价，教师能够及时获取教学过程各环节各层面的大量信息，从而比较全面地了解学生的学习状况、学习动机、情感态度、能力水平等多方面的情况，把握学生之间的个别差异，为灵活机动地调控教学进程做好准备。另外，评价结果能使学生比较清楚地认识到自己的学习水平和进步程度，从而有效地激发学生的学习责任心和学习成就感，有助于教学质量的提高。

3. 有效调控教学活动

教学评价的最终目的是不断完善教学活动过程，保障教学目标顺利高效地实现。在对评价对象进行鉴定和诊断、获取反馈信息、激励师生动机等功能发挥的基础上，有效的教学评价能够推动教师对教学目标、教学内容、教学方法手段、教学组织形式等加以调节、控制，使之趋于合理，从而高效地实现教学目标。

总之，小学英语高效教学离不开高效的教学设计、高效的课堂教学和高效的教学评价，是以上三要素相互作用、相互影响的结果。我们只有将各个要素有机融合，相互促进，从不同角度发挥其功能，才能形成高效的教学合力，发挥其整体优势，从而达到高效的教学效果。高效、智慧课堂的构建，使原来死气沉沉的传统课堂焕发了勃勃生机。

传统课堂教学的基本模式是"灌输——接受"，学生处于被动状态；高效课堂采用新理念，课堂上学生自主学习、合作探究、踊跃发言，谈感想、谈收获。新理念让学生在"听中学""看中学""想中学""议中学""演中学"。这就突出了"以学生为中心"，学生真正成了课堂的主人，在交流中实现了"生生互动，师生互动"，使学生处于主动状态，教师在课堂上关注的是每一位学生，关注的是学生的一切，教师只是课堂的组织者、引导者，学生学习的合作者。

高效课堂切实提高了学生的知识水平，培养了学生的能力。高效、智慧课堂的构建，同时也促进了学生的发展，增强了学生的自信。"做中学"提高了学生的写作能力、表演能力、合作能力；"想中学"增强了学生的思维能力；"议中学"提高了学生的语言表达能力和应答能力，"演中学"锻炼了学生的胆量，培养了学生的表演能力。这些能力的提高是潜移默化的。

浅谈培养学生的英语交际能力

广州市黄埔区新港小学　陈健敏

当今社会的发展可以说是一日千里，中国经济逐步与世界经济接轨，在中国必然存在大量的涉外市场，这样社会就需要大量实用型英语人才，为了适应目前社会的发展形势，我们在现在的英语课堂教学中应尽最大的努力来改变以往英语教学的不足之处——哑巴英语，应注重培养学生的英语交际能力。为达到这一目的，教师应通过以班级为单位的英语课堂教学，对学生进行智能、思想等方面的教育，向学生传授英语语言技能，进行技巧的训练，最终达到提高学生英语水平和英语交际能力的目的。

在教学过程中，教师和学生、学生和学生之间的双边交流可以有效地创造英语语言环境（这是其他教学形式难以做到的），而这种语言环境又会给学生提供大量接触和运用这一语言的条件和机会。课堂上学生大量的语言实践不仅巩固深化学生所学到的语言知识，而且还有助于他们活用语言能力的提高。针对我国普遍缺少英语语言环境的客观实际，应如何培养学生英语交际能力呢？笔者浅谈一下个人体会。

一、交际法作为英语教学指导

语言是交际的工具，而学习一种外语是为了掌握这个工具并运用它进行交际，否则就未达到真正掌握的程度。英语语言学家和教科书学家C.E.Ecrersley曾经说过："学习英语的目的归根到底是培养学生熟练地掌握听、说、读、写能力。"在这四项中以听和说能力最重要，也最难学。传授英语语言知识时适当而必要的讲解就足够了，无须过分地强调语言知识的讲解，否则就忽视了让学生进行语言实践，使学生难以进行英语交际。在英语教学中应以培养学生交际能力为出发点，在精讲多练原则下引导学生进行大量的多循环的操练以达到熟练自如的程度。创造英语环境是交际法教学的首要条件。中国英语教学专家金涛伯在给青年英语教师上课时就说道："作为一条规则，英语课上应使用英语。"所以在英语教学中，我尽量坚持以英语为主汉语为辅（必要时）的原则，持之以恒地向学生介绍课堂用语和日常生活用语，并有意识地尽量使用已学过的语句讲解新的教学内容，使学生养成多听多说，并用英语信息交流思想的习惯。如"Open the book. Please be quite."等课堂用语。开始使用时需配合手势帮助学生理解，坚持一段时间的使用后，学生很自然就接受了。学生输入多（多听、多读）肯定会提高输出的质量（说好、写好）。

二、教学中以学生为主体

想培养学生的交际能力，课堂教学应以学生为中心，视学生为主体。让他们充分利用课堂上的有限时间始终积极主动地参与课堂教学活动。在学习中遇到重点难点时应尽量做他们的启示者、引导者、帮助者，培养学生分析和解决问题的能力。例如三、四年级学生已掌握字母的音素，列出单词让学生分组进行讨论，并按照拼读规则，见词读音。然后再让学生当小教师来带读，教师从旁指导，通过这种教学方式，学生以自己的努力来解决问题，无形中就获得了成就感，从而提高了他们的学习兴趣以及自信心。

三、让学生寓学于乐，乐于开口

学生学好英语的关键是学生本人的积极性和主动性。不同的教学内容和不同的教学对象所采取的教学方法都不同。如小学生有好奇、好动、注意力往往不能很长时间集中的特点，在课堂上我通常利用图片、实物等直观教具，并组织学生唱英文歌、角色扮演、小组活动、做游戏等辅助教学的方法。如教广州市小学英语第十二册第十二课时，主要是教会学生学习表示衣服及颜色的单词，但词汇量大且易混淆。根据这一特点，我就采用游戏的方法进行教学。一个是"我来读，你来找"的游戏，如同学A读单词 "black" 三次，同学B找出了相应的图片，A则说："Yes. It's black."若找出的是brown图片时，则说："No. It's brown."另一个游戏是"听歌传图"，每组第一位同学拿一张图片，听到音乐就往下传，到音乐停时手拿图片的同学就要读出单词并拼读出来，通过游戏学生乐于开口说和读。事实证明，有趣的课堂活动有助于创造生动活泼的课堂气氛，帮助学生集中注意力，激发并保持他们的学习兴趣。同时，又调动学生多种感官，在学习中，学生动口、动手加深他们的印象，强化记忆。

四、力创真实、自然的感觉

学习语言时，所学所说的内容越贴近生活越接近实际，学生说起来就觉得越自然，也就越容易接受。所以，应尽量把课堂学习与实际生活联系起来，寓交际意义于语言操练之中。如教"Is this /that...?"时就拿学生的文具来进行发问"Is this A's book？"（book可替换成其他文具，A表示某位同学的英语名）学生根据实际情况回答。教"Who's he /she？He /She is ..."时可分别指着一位男生和女生进行发问，让学生知道he是指男的而 she 则指女的。两人操练时，也要他们这样进行，这样可以使他们脱离课文而不局限于内容，感觉真实，既易于理解又运用语言，激发学生的学习热情。

能将一口流利的英语用于交际是学英语者的最终目标，要实现它并不是一件容易的事。但随着英语教学的不断改革，相信在不久的将来，学生的英语口语水平会不断增强。

浅析小学英语模块教学中口语教学存在的问题与对策

广州市黄埔区新港小学　林燕婷

一、概述

目前，我国的小学英语教学有很多种模式，其中影响广泛的模块教学模式在很多学校全面推广。模块教学是指将英语学习分成几个模块，针对每个模块的内容设计完整的教学计划，用多样的策略和方法创造每个模块的学习环境，以此促进学生学习知识的同时全面发展表达等能力。一般可分自主观察模块、模仿创造模块、基础知识模块、职业或者身份辨别模块等。但在教学中传统的一面仍然存在，主要问题有：在自主观察模块学生没有真正地主动参与学习英语；教师没有从语言的角度进行教学，更多的是让学生枯燥地接受教师的教，把语言学习当作死板的内容进行教学，这很难让学生发展表达能力和交流技能。同时基础知识模块中枯燥的学习是非常打击学生对英语的兴趣的。而且职业或者身份模块中教师的英语教学还存在倾向于考什么教什么的现象，学生归纳总结、口语表达能力的发展则被忽视，导致很多学生不会用口语表达"教师、服务员"等职业，也不能用英语口语表述更多的身份，诸如爸、妈、爷爷、阿姨等。这样的教学模式让学生感觉学习英语越来越枯燥，教师在各个模块的教学中也不可能让学生英语口语表达能力提高，学生自然无法感受到口语表达的乐趣和魅力。在小学英语学习中长期没有形成口语表达的习惯会使学生的归纳、口语能力等受到严重的阻碍。这和新课改的素质教育背道而驰，因而在小学的英语模块教学的过程中需要充分找出问题的关键，把相关的口语训练和表达技巧及策略融入教学之中。

二、小学英语模块教学实施中出现问题的原因

小学英语模块教学中之所以会出现口语问题，主要原因是：

1.学生个体方面

首先，学生在一个拥有几十个人的大众环境中学习，他们能随波逐流地跟随众人朗读、对话等，看似没什么压力地就达到了教师的要求，但都是无目标的心态，没有树立口语操练等思想目标。一边厌倦教师要求识记英语知识，讨厌在上课的时候被教师束缚，另一边又无法离开教室的引导，缺乏自我学习、锻炼口语交际等能力。比如：很多学生对于齐读单词这个模式已经习以为常，所以在读单词或课文的过程中出现了各种乱读或者跟随他人混读根本不看书本等情况。

2.教师教学方面

有一部分教师面对学生口语能力的问题时态度比较松散，没有严格要求学生在口语方面做具体工作。同时在小学阶段，学生的学习能力、归纳表达能力等都发展不够充分，他们不能主动把握口语训练的内容，很多学生的思维跟不上教师的教学思路，这时教师在模块英语课上没有进行相关的口语训练的引导，那么学生就不可能自己进行口语训练。另外，教师对于学生口语检查工作落实不到位。小学生的口语表达不可能尽善尽美，也不可能形成非常好的习惯，教师在模块教学中只是督促学生虽然有一定的效果，但是没有相应的检查，也就不能让学生形成习惯。

3.环境方面

教室环境、人际关系、教材教辅环境，甚至课后环境都对学生有影响。在小学英语模块教学中课堂环境会主导学生的学习，其口语学习的效果也受到极大影响。比如：经过笔者观察发现学生在教室学习的过程中，当大家都在认真和同桌等进行口语阅读训练时，那么极少人会偷懒；当同桌提醒的时候，几乎每个人都会跟随教师的引导进行口语表达练习。若是环境不利于学生进行口语表达练习，那么几乎所有人都会放弃口语表达练习。

三、改进小学英语模块教学中口语操练问题的策略

教师在进行小学英语模块教学时，将英语教学分成不同的板块，然后将每个板块的口语训练难点结合起来，在这时教师便可以利用这样的教学，让学生发展表达能力和交流技能。

1. 由浅入深，教师鼓励学生开口说话

教师在进行不同模块的英语内容教学时应让学生开口说出学习过程中的感受。英语口语训练是一个手、眼、口、脑配合的过程，模块教学能将课堂上的英语知识进行归纳和总结，但需要教师针对英语教学的不同模块，将口语训练的方式和方法等融入教学中，在教学中通过不同模块的学习促进学生口语表达能力的提高。

2. 推陈出新，教师改变传统，创设新的环境

教师教学的辅导作用是帮助学生识记知识和创建学习环境。模块教学法让学生明白不同模块的知识点、重难点不同，需要在教师创设的新环境下认真学习，掌握主动学习等方法。比如教师可以用多媒体等技术创造活跃的学习环境，让学生在兴奋之余能根据教师的要求，在不同的场景中高效有序地进行口语对话练习。

3. 学有所依，教师顺应新课改，让学生突破自我

新课改的要求之一是学生能学、能说、能创造，学生在模块英语教学中根据线索找到学习的方向和依据，根据教师的口语训练指导，能知道学习的重点方向和核心内容，有目的地学知识，这样就使自己的自学能力也得到了锻炼。在小学英语模块教学中介绍自我突破学习的方法不仅提高了教、学效率，也使学生能学、能说、能创造。

总之教师在进行小学英语模块教学时会遇到很多问题，需要根据实际情况，掌握一定的办法并以此克服问题，实现教师与学生共同发展，共同进步。

参考文献

［1］杨艺.谈新课程标准中英语课堂教学设计［J］.镇江高专学报，2015，（02）.

［2］刘佳.浅谈如何构建小学英语高效课堂［J］.读与写（教育教学刊），2016，（04）.

提升教师素质　铸就智慧教师

广州市黄埔区新港小学　郭泽婉

钱穆曾说："今天的中国问题，乃至世界问题，并不仅是一个军事的、经济的、政治的，或是外交的问题，而是一个整个世界人类的文化问题。一切问题都从文化问题产生，也都该从文化问题来解决。"教师素质问题作为教师教育的一个基本问题，伴随着今日教师虐童事件的掀起，教师素质发展的问题更是成为当前中国教育现实遭遇的一个焦点问题。

教师，作为一种社会角色，一种重要的职业，是承接"社会"与"个体"，"现在"与"未来"的关键纽带。教师素质的高低直接影响学生是否往身心健康的方向成长，制约着社会是否通往"真善美"发展。而从当今的教育现状来看，无论是从个性品质、教育理念、专业素养还是教学能力这几方面上看，我国教师素质仍然亟待提高。浙江温岭蓝孔雀幼儿园的教师颜艳红就以这种方式一夜成名。只是"为了好玩"，她双手捏住班上男童的耳朵，把他拎了起来，男童双脚离地大约有20厘米，双耳支撑全身的重量使他的脸看起来变了形，疼痛使他张大了嘴，哇哇大哭起来。除此之外，当今中小学教师论文抄袭的歪风邪气更是日益滋长。近年来，高等学校师生论文抄袭的报道时见媒体，尤其是著名高校如北大、复旦、浙大等师生论文抄袭事件引起了国人的广泛关注，在国际上也造成了较大影响。那么在中小学教师撰写的论文（含课题报告等，下同）中是否有抄袭现象呢？答案是肯定的。全国各地的教师教育论文评选中，每一届都会出现论文抄袭现象，并且日趋严重。总而言之，教师素质如此低下，不仅让人心痛，也让人心酸。

结合时代的发展，一名优秀的智慧教师应该具备以下几点基本的素质。

一、"以学生为本"的教育理念

教师的教育观念是其从事教育工作的心理背景。合理的教育理念是教学的基础，也是教师工作的导向灯，有利于培育身心健康的祖国花朵。"以人为本""以学生的发展为本"作为《新一轮基础教育课程改革》的出发点，也应该作为警示、衡量每一位教师的核心理念。在这种基本理念的引领下，教师应该发展"激励式"与"发展式"的评价方式。一位优秀教师肯定认为"我一定能教好学生""我的学生一定会进步"，这种期望就是教师的教育观念。根据皮格马利翁效应的作用，教师的合理期待有利于学生的发展。因此，很少有人怀疑下述观点，即：教师的观念影响他们自己的知觉、判断，进而影响他们的课堂行为。或者说，理解教师的观念结构对改进职业准备和教师实践是非常必要的。我们的研究证明，教师的教育观念对他们的教育态度和教育行为具有重要的影响作用，是教师素质的基础与心理背景。

二、健康、积极、向上的个性品质

教师，这种特殊而神圣的职业，具有强烈而直接的"示范性"特点。教师劳动的示范性特点是指教师的学识、思想、情感、性格、意志、言行等，都对学生产生影响并受到学生严格监督的特性。而这种特性是由学生"向师性"的特点影响。所谓"向师性"既是指学生尊重、崇敬教师，乐于接受教师教导的自然倾向，又指希望得到教师的注意、重视、关怀、鼓励，热情而认真负责地教育自己的特点。在求学过程中，学生深受校园文化的影响，而教师的行为举止则对学生具有潜移默化的作用。一个具有健康、积极、向上个性品质的教师对学生的教育更有说服力，也更加高效。健康积极向上个性品质的核心即师德，教育的良心。教师的教育良心是教师在教育实践中履行教师职业道德义务形成的一种自觉意识，它既是教师对学生、教师集体和社会积极履行教育职责的强烈的道德责任感，又是一种高度自觉的对自己的教育行为进行道德控制和评价的能力。而面对当今的教育现状，师德、教育良心似乎逐渐淡化。从事教育行业的心灵工程师似乎只关注到自身的薪酬待遇与职位晋升，或面对职业倦息时，采取更加激进的方式对待教育，对待学生。因此可得出结论，师德、教育良心是教师素质的核心要求。

三、扎实、丰富、精深的知识素养

时代在发展，社会在前进。素质教育和新课改对教师的专业知识素养提出了更高的要求。教师的专业知识素质作为其从事教育工作的前提条件，包括精深的学科专业知识、广博的科学文化知识和教学理论基础，以及教学实践经验和教育智慧。广博的科学文化知识，主要包括人文素养和科学素养方面的人文社会知识、科技类知识、工具类知识、艺体类知识、劳技类知识等。丰富的学科专业知识，即本体性知识，主要包括学科基础理论知识、学科教育知识、教学策略知识等，是教师从事教育工作的基础。而教学理论知识以及教学实践经验与教育智慧则体现在教师的教学管理能力。教师的专业知识素质应该是全面的、精深的，只有如此，才能更好地指导教学工作以及树立威信。

四、灵活、高效、创新的教学方式

除了丰富而扎实的专业知识素养，优质高效的教学方式也是关键。它的核心就在于确立学生的主体地位，促进学生积极主动地学习。这就要求教师"教"的方式灵活、高效、创新。

教如何促进学？教的本质在于引导。引导的特点在于含而不露、开而不达、引而不发；引导的内容不仅包括方法和思维，同时也包括价值和做人。教师要变"灌输式"为"启发式"，把学生的思维引活、引深，引导学生由表及里、由现象到本质地思考所学的知识。针对不同的学习内容以及实际的学情，选择接受、探索、模仿、体验等丰富多样的适合学生具体特点的教学方式。倡导学生主动参与、乐于探究、勤于动手的学习方式，保证学生自主性和探索性的学习落到实处。教师要调动学生的学习兴趣，激发学习动机，灵活、创新而高效的教学方式则是最好的武器，也是优质课堂的重要衡量要素。

五、建立反思机制，终身学习

新课程非常强调教师的教学反思。教学反思被认为是"教师专业发展和自我成长的核心因素"。教学反思与终身学习的关系可以说是一体的，原因就在于教学反思有助于教师形成和培养自我反思的意识和自我监控的能力，从而促进并实现终身学习。

教师终身学习的内容包括崇尚科学精神、树立终身学习理念、拓宽知识视野、潜心钻研业务、勇于探索创新、不断提高专业素养和教育教学水平。倡导终身学习就是要求教师做终身学习的表率，这既是时代发展的要求，也是由教师职业本身的特点所决定的。

面对当今的教育窘境，宏观层面的教育机制改革是必须，而教师素质的培养以及提高更是根本。只有教师的素质提高，教师才能成长为一名智慧教师，学生才能获得更加优质的教育资源，更轻松地学习，更健康地成长。

如何在小学英语教学中应用小组合作

广州市黄埔区新港小学　彭琼珍

一、引言

义务教育阶段新英语课程标准提出，有效的学习策略有利于提高学生的学习效率和培养自主学习能力，积极的情感态度有利于促进学生主动学习和持续发展，即在培养学生思维能力的同时，也需要注重培养学生的学习能力与学习兴趣，让学生在快乐中学习，在学习中体验快乐。《英语课程标准》指出，教师应当面向全体学生，关注个体差异，优化课堂教学，提高教学效率。但是在现实的教学中，分数至上的教学制度让学生从小学就开始丧失了对英语学习的兴趣。现存的班级授课制以教师为中心而忽视学生主体地位，枯燥乏味的机械训练让学生慢慢对学习失去了积极性和兴趣。在实际的英语教学中，有教师也会慢慢地在课堂中运用小组合作的教学模式，但是这种小组合作比较机械，很多只是简单地对课本内容分工操练，并不能真正有效地提高课堂教学效率，达不到让学生快乐学习英语的效果，单一的形式只会让学生觉得乏味，也无法培养学生英语学习的兴趣。

二、小组合作模式理论依据

法国教育家保罗·朗格朗说："所有教育和教学都不能逃避支配人类活动的根本规律，那就是兴趣。"随着现代课程改革的深入，越来越多的教育工作者、学者意识到其中存在的问题，为了走出英语教学的误区，他们提出了自己关于小组合作的教学观点与教学模式。2013年沈芳介绍了小学英语教学中如何运用小组合作营造宽松的学习氛围，在小组合作的过程中增加学生开口说英语与使用英语的机会；2013年王慧珍提出在小学英语课堂教学小组合作中，通过学生个体之间、小组成员之间、教师与学生之间的信息交流来激发学生的英语学习兴趣。2009年何志广认为，小组合作富有创意和实效，适用于小学高年级的英语教学，并在其研究中提出了如何在小学高年级英语教学中运用小组合作的基本操作方法、教学组织策略、学习目标与任务设定。2014年任得东在其研究中，认为合理的小组分工、有效的合作学习可以调动学生学习英语的积极性，从而打造小学英语高效课堂，并提出在小组合作中要合理分组，明确学习任务，合作过程中要给予学生充足的时间。

上述研究充分表明小组合作学习对小学生的英语学习的作用，小学生在小组合作中体验到合作的愉快，体验到学习的乐趣。维基百科将小组合作定义为：小组合作学习以课堂教学为基础，教师以学生学习小组为单位，通过指导小组成员展开合作，发挥群体的积极功能，提高个体的学习动力和能力，从而激发了学生的主动性、创造性。本文在实际英语教学过程中提出小组合作学习的教学模式，以验证其提高小学生对英语学习兴趣的作用。

三、构建小组合作的教学模式

（一）建构合理的小组合作

建构合作小组时应结构合理，坚持"组内异质，组间同质"，在分组时教师通过调节使同一小组的成员英语能力有上、中、下之分，男女分配合理，性格各异，而几个小组的实力是均衡的。小组成员人数应控制在一定的范围，将一个40多人的班级，分为8个组，每组有5~6人，那么在开展小组活动的过程中会有利于教师的课堂管理，以保证每个学生都有足够的机会开口说英语，达到用英语交际的效果。在这种情况下，教师起主导作用，学生才是学习的主体。班级授课制的局限使教师无法兼顾每个学生，而在小组合作中教师可以让能力优异的学生当小组长，从而达到以优带差、以优促差的效果。

（二）执行小组合作

1. 课堂前

教师布置学生进行小组预习教科书内容，第一步需要听录音对课本的单词进行预习，小组成员互相纠音；第二步是听录音对课文进行预习，模仿录音练习朗读并找出课文的重难点和疑点；第三步要收集相关的背景资料，教师可以提出开放性的问题让学生进行讨论。

2. 课堂中

小组成员坐在一起，方便小组活动的开展。教师设计丰富多彩的活动任务包括表演故事、创编故事、故事续编等，并且明确活动的具体内容与任务，给学生下达明确的课堂指令。新授课教学环节，教师应对课堂的语言知识进行必要的机械操练，让学生先掌握必要的基础知识，然后让学生灵活应用，进行创新。小组练习时，教师创设自然合理的交际情景让学生在情境中交流，教师在各组间给予指导、协调、点拨，让优秀学生带动并帮助差生，使其在交际中建立信心。最后要进行小组汇报，各个小组间互相竞争。

3. 课堂后

课堂的语言知识需要课后巩固并加以运用，教师可以布置创新型的小组作业，表演课文故事、改编课文、情景剧等都可以让小组合作进行表演，当然也可以做一些课外拓展、自主学习等活动，丰富多彩的课后活动符合小学生的好奇心理，有利于激发学生的学习兴趣。

（三）小组合作的评价与反馈

新英语课程标准指出小学英语教学评价应以激励学生的学习兴趣和自信心为主，重点评价学生平时参与各种教学活动的表现。小组合作学习中，应采用形成性评价，根据学生的课堂表现、课后表现、个人表现与小组表现来进行评价。量化学生的平时表现，采用评分栏的形式，使用课堂表现加分、课后作业加分、考试加分等评价方式。每月根据得分和学生自评、小组内评，以小组互评的形式进行评价。这样学生每天都有小目标，长期坚持则小目标将汇成大目标，目标是奋斗的动力，在此过程中也有人去帮助他（主要是小组长）。随着目标的实现，他们的付出获得了肯定，同时也不知不觉地在愉快的过程中学会英语。积极的评价能够使学生逐渐建立学好英语的信心，这是评价与反馈过程中很关键的一步。

四、小组合作的应用研究

(一)应用研究背景

为了验证该模式的有效性,将其运用于教学实践中。自2016年2月开始,对广州市一所小学四年级3班的学生进行小组合作学习的研究。该班共有45人,年龄都在10岁左右,其中女生21人,男生24人。该年龄的学生在思维上由具体形象思维向抽象逻辑思维过渡,认知方面由附属内驱力向自我提高内驱力过渡。该班的学生大部分比较调皮,课堂专注力差,学生成绩两极分化严重,良好的学习习惯和态度还没有形成。广州版四年级下册英语教材难度相对比较大,具体体现在课文对话内容涉及面广,句型复杂,语法与阅读技能要求比较高。

(二)研究过程

1. 分组

将该班45人分成8组,每组5~6人。教师从中选出8位综合能力较优秀的学生来担当小组长,对他们进行1~8顺序编号,编号1~8的组长按编号顺序在全班候选人中依次各选一个组员,然后从8~1的顺序依次各选一个组员,再按1~8的顺序依次各选一个组员,依次类推。教师在这个过程只需稍微提示与协调即可,这样由小组长们组建的小组基本符合"组内异质,组间同质"的特征。最后落实小组长们在小组中的具体帮助任务,与他们商议相关帮助策略。

2. 执行小组合作

课前布置小组合作预习的学习内容,学生听录音预习单词课文,利用QQ发语音的功能互相纠音,分角色朗读。同时,布置一些任务,比如收集与话题有关的资料。课堂上表演课文对话,有创意地改编课文故事。学生在小组展示环节可根据表现获得相应的加分。课后作业布置应形式多样,如小组考察活动、小组编故事、小组做海报和画思维导图等作业形式。

3. 评价

实行加分制度,根据学生表现加分,五分换取一朵红花贴在课室评分栏上,月底进行评比。小组内每个同学所获得的分数加起来就是该组的总得分数,评比出三名优秀小组长和三个优秀小组,这三个组又各评比出三名优秀组员。由此既凸显个人与小组的作用，而又不会忽视个人或小组。

（三）研究方法

为了检验小组合作应用研究的有效性，文章采用问卷调查法。问卷题目是依据文章所构建的小组合作英语教学模式来设计的，共10道单项选择题，围绕小组合作对提高小学生的英语学习兴趣的问题进行展开，涉及了小组合作的分组、执行和评价三个过程。

（四）数据分析

小组合作教学模式设计调查问卷针对小学四年级3班的45名学生发放，回收有效问卷共43份。研究过程中，教师整理问卷，收集问卷数据，对具体的问卷数据进行分析研究。具体的数据分析如下。对建构合理的小组合作的分析如图1所示。

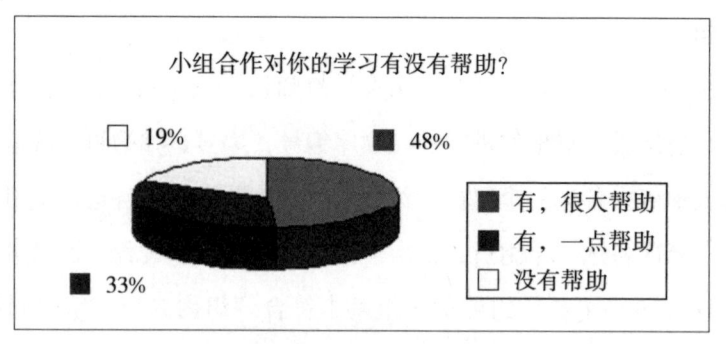

图1　对建构合理的小组合作的分析

图1表明约有81%的学生认为小组合作对他们的学习是有帮助的，48%的学生认为帮助很大。所以建构合理的合作小组很重要，尤其小组长可以起到领导作用，达到以优带差、共同进步的效果。

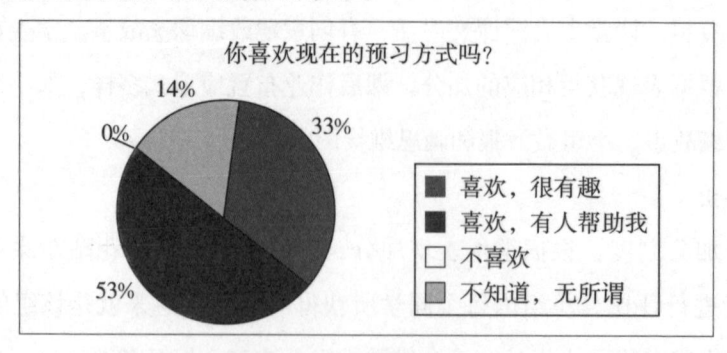

图2　执行小组合作方式一

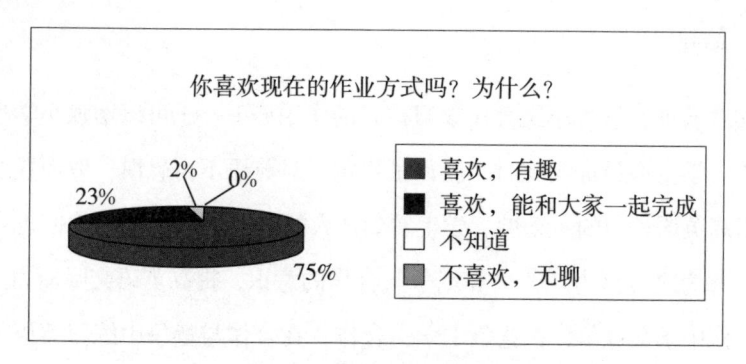

图3　执行小组合作方式二

由图2和图3可知，约86%的学生喜欢小组合作的预习方式，原因是很有趣，并能获得帮助，降低难度。课堂上，约90%的学生也喜欢这种小组活动，有79%的学生会积极使用英语交流。而对于课后作业，98%的学生喜欢这种作业形式，因为有趣，能合作完成作业。这表明，这种预习方式、课堂合作任务和课后的作业形式得到该班学生的青睐，他们在合作交流学习的过程中能体验到学习英语的乐趣。

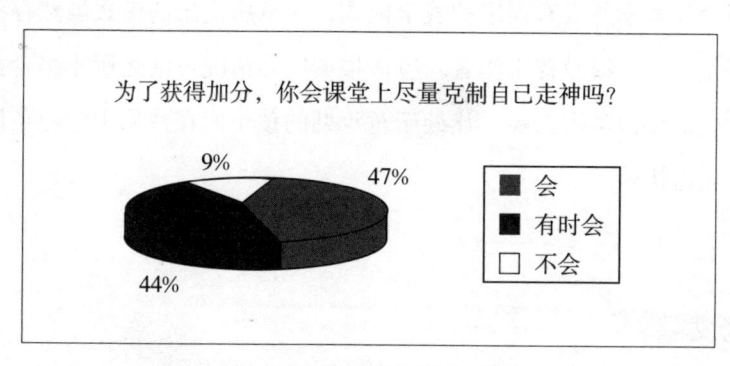

图4　小组合作的评价与反馈

图4表明，评分栏对47%的学生有很大的促进学习英语的作用，对44%的学生有一定的促进作用。由加分制度可知，学生期望获得肯定，积极的评价促使他们积极地去学习英语，并且大约98%的学生认为小组合作学习要继续进行下去。由此可见，这种小组合作学习模式对提高小学生的英语学习兴趣是有效的。

五、结论

经实践验证，这种小组合作学习模式的作用如下：①可以增强小学生的英语学习信心。学生在目标实现时，获得了肯定，对英语不再恐惧，取而代之的是自信。②提高英语学习的主动性。学生看到他人的努力获得肯定，他们也会暗自定下目标，并为之而努力。③培养竞争与合作的意识，提高英语交际能力。学生在与他人合作中学会竞争，在竞争中学会合作，在合作与竞争中练习英语、学会英语，并使用英语进行交际，在潜移默化中对英语有了兴趣。④培养有效的英语学习策略。学生在小组合作学习中，在一次次的发现问题和解决问题过程中慢慢学会自主学习，慢慢形成一套如何学习英语、拓展自己的知识的学习方法。

由此可见，本文提出的建构合理的合作小组，执行小组合作，小组合作的评价与反馈这个教学模式对提高小学生的英语学习兴趣是有效的。同时，文章也通过在实际教学的实践来验证小组合作对提高小学生的英语学习兴趣的作用，并使用问卷调查法来收集数据，分析数据，最后得出结论。

小组合作教学并没有固定的教学模式，文章所提出的模式虽然存在一定的不足，但是作为一线教育工作者，应该根据实际情况灵活运用小组合作模式来提高小学生的英语学习兴趣，让处于童年期的孩子们在快乐中学习英语，在学习英语中获得快乐。

参考文献

［1］中华人民共和国教育部.新英语课程标准［S］.北京：北京师范大学出版社，2011.

［2］沈芳.小组合作乐趣无穷［J］.英语广场：学术研究，2013，（12）.

［3］王慧珍.浅谈英语课程改革中的小组合作学习［J］.学周刊，2013，（7）.

［4］何志广.促进小学英语教学的创新发展——浅谈小组合作学习法［J］.广东科技，2009，（12）.

［5］任得东.打造小学英语高效课堂的几点思考［J］.学周刊·下旬刊，2014，（10）.

［6］金明.小学英语教学小组合作学习的设计与应用［J］.科学大众（科学教育），2010，（1）.

［7］张丽华.浅谈小学英语小组合作学习［J］.中国校外教育，2011，（11）.

［8］李德荣.有组织地开展地理课外兴趣小组活动［J］.师范教育，1987，（10）.

［9］张爱红.小学英语高效课堂初探［J］.教育实践，2014，（12）.

附件：

关于小组合作模式对小学生英语教学的问卷调查

四（3）班的同学们：

你们好！为了了解本次小组合作教学模式实施的效果，特此在本班内开展一次问卷调查。本问卷为单选题，请每位同学务必认真思考后再做选择。感谢你参与本次的问卷调查！

1. 小组合作前，你为什么要学英语？（　）

A. 考试　　　　B. 父母要求　　　　C. 喜欢英语　　　　D. 其他

2. 你的组员对你的学习有帮助吗？（　）

A. 有，很大帮助　　　　　　　　B. 有，一点点帮助

C. 没有任何帮助　　　　　　　　D. 不知道

3. 以前你会预习吗？为什么？（　）

A. 不会，很枯燥　　　　　　　　B. 不会，不懂课本内容

C. 不会，无所谓　　　　　　　　D. 会，教师要求

E. 会，对学习有帮助

4. 你喜欢现在的预习形式吗？为什么？（　）

A. 喜欢，很有趣　　　　　　　　B. 喜欢，有人帮助我

C. 不喜欢　　　　　　　　　　　D. 不知道，无所谓

5. 课堂上老师让你们做的小组合作活动你喜欢吗？你会积极使用英语和组员一起完成任务吗？（   ）

    A. 喜欢，会　　　　　　　　　B. 喜欢，不会

    C. 不喜欢，会　　　　　　　　D. 不喜欢，不会

6. 为了获得加分，你会在课堂上克制自己走神吗？（   ）

    A. 会　　　　B. 不会　　　　C. 有时会

7. 看到自己的评分栏上多了一朵红花，你会兴奋吗？（   ）

    A. 会　　　　B. 不会　　　　C. 没感觉

8. 你觉得以前的课后作业怎么样？你用什么态度对待？（   ）

    A. 有趣，认真　　　　　　　　B. 没感觉，教师和父母要求完成

    C. 很枯燥，马虎应付　　　　　D. 很枯燥，不想做

9. 你喜欢现在的作业形式吗？为什么？（   ）

    A. 喜欢，有趣　　　　　　　　B. 喜欢，能和大家一起完成

    C. 不知道　　　　　　　　　　D. 不喜欢，无聊

10. 小组合作学习要继续进行下去吗？（   ）

    A. 必须要　　　B. 应该要　　　C. 都可以　　　D. 不要

有效导入，高效课堂建构的美妙"前奏"

——浅谈小学英语高效课堂导入策略

广州市黄埔区新港小学　黄莹

科技在突飞猛进地持续发展，社会在日新月异地不断进步！科技的发展与社会的进步为各行各业带来了今非昔比的变化。科技的发展与社会的进步为人们的学习生活带来了更多的便捷，在带来便捷的同时人们学习生活的效率也在不断提升。人们的生活质量在得到全面提升的同时，生活节奏也在逐步加快；人们的学习质量在得到有效提升的同时，学习效率也在迅速提高。快节奏的时代呼唤高质量的生活，快节奏的时代呼唤高效率的学习。快节奏的时代也把教育行业带入了一个快节奏的时期。教师呼唤高效教学、学生呼唤高效学习。在这样的时代背景下，建构小学英语高效课堂已经成为每一位小学英语教师的必然选择。好的开始是成功的一半。课堂导入恰当，能紧紧吸引学生的注意力，给英语教学奠定成功的基调。下面笔者将在借鉴相关理论研究成果的基础上，结合小学英语课堂教学实际浅显地谈一些小学英语高效课堂的导入策略。

一、勤用歌曲导入

歌曲是学生非常喜爱的一种音乐表现形式。英语歌曲具有优美动听的旋律和轻松欢快的节奏，在组织教学中融音乐与英语为一体，能帮助学生复习理解，创设有声语言环境，使学生自然投入。歌曲中洋溢快乐的节奏能够充分调动学生参与课堂教学活动的积极性，歌曲中富有韵律的歌词能够大幅吸引学生学习课堂教学内容的注意力。在小学英语高效课堂建构过程中，教师要有效利用学生喜欢的歌曲高效导入课堂。如在教学教科版四年级英语上册

《Unit 2 They're near the window》这一单元时，教师就是利用歌曲"My little bedroom"导入了新课；又如在教学《Unit 6 How many classrooms are there in your school?》这一单元时，教师则是利用"Our school"这首歌曲导入了新课。"Here is our school. Where we come every day. Here is our playground. Where we like to play. Here is our library. Where we like to read…"在欢快的节奏中，学生的积极性被充分地调动了起来，学生参与课堂教学的热情高涨；在律动的歌词中，学生的注意力被有效地吸引过来，学生学习教学内容的心情迫切。勤用歌曲进行导入是小学英语高效课堂中一种重要的导入策略。

二、趣用谜语导入

猜谜语是学生非常喜欢的一种游戏活动形式。在小学英语教学中，运用谜语有助于培养学生的探究精神，有助于提高学生的语言能力。学生在竞猜谜语时既需要联系已有知识也需要运用各种方法；学生在竞猜谜语时既需要全神贯注也需要浮想联翩。竞猜谜语能够迅速地把学生的注意力吸引到英语课堂中来。在小学英语高效课堂建构过程中，教师要有效利用学生热衷的谜语高效导入课堂。如在学习"dictionary"这个单词时，教师在导入环节出示了这样一个谜语："What never asks questions but gets a lot of answers?"又如在教学"blackboard"这个单词时，教师在导入环节出示了这样一条谜语："What is clean when it is black and dirty when it is white?"再如教师在导入环节出示了谜语："I have cities but no houses, forests but no trees, rivers without water. What am I?"然后由这个谜语导入了"map"……学生在竞相猜测有趣谜语的过程中，学生学习英语的浓厚兴趣瞬间被激发了；学生在层层深入猜测有趣谜语的过程中，学生学习新课的强烈动机即刻被触发了。趣用谜语进行导入是小学英语高效课堂中一种重要的导入策略。

三、巧用情景导入

创设情景开展课堂教学活动是小学英语教师经常使用的一种方式。巧设情景导入，激活学生学习英语的兴趣。教师创设的教学情景都是与教学内容密切关联的，学生通过情景对话可以提前感知新课教学内容；教师创设的教学情景都是与生活实际紧密相连的，学生通过情景对话可以提高英语语言知识运用能力。在小学英语高效课堂建构过程中，教师要有效利用学生熟悉的生活情景高效导入课堂。例如在教学《Unit 6 How many classrooms are there in your school？》这一单元时，教师充分利用媒体技术以学校的实际情况为基础设计了真实的情景进行了导入。再比如在教学四年级英语上册《Unit 4 I live in a big house》这一单元时，教师创设了一个情景：让学生描述自家的各个房间。学生甲："I live in a flat. My flat is in a tall building. It has three bedrooms, a living room, a kitchen and two bathrooms. I often watch TV in the living room. I often have meals in the kitchen ..." 学生乙："I live in a big house. It has three bedrooms and a large study. I like to play computer games in this study. It has a bathroom. I sometimes take a shower in this bathroom. It has a beautiful garden. My mother grows flowers in it ..." 在相互的对话过程中，学生不断地运用已经学过的英语语言知识，学生的语言运用能力得到了大幅的提升；在熟悉的生活情景中，学生不时地发现自己在生活中的真实情景，学生的英语学习兴趣得到了有效地激发。巧用情景进行导入是小学英语高效课堂中一种重要的导入策略。

四、惯用复习导入

以旧引新是小学英语课堂教学中习惯使用的一种导入形式。学生在复习已经学过的知识时，因为他们对这些内容都非常熟悉，所以特别愿意参与课堂教学活动，展现自我风采。通过复习熟悉的旧知识，学生学习的积极性被有效地调动起来了，他们会带着这种高涨的积极性去学习新知识。在小学英语高效课堂建构过程中，教师要经常性地通过复习旧知识高效导入课堂教学。比如在教学《Unit 4 I live in a big house》这一单元时，教师首先带领学生复习了"desk, bed, TV, chair"等一些已经学过的单词以及有关句型等。再比如在教学《Unit 6 How many classrooms are there in your school？》这一单元时，教师通过"Let's count"这个活动让学生复习了以前学过的单词："one, two, three, four, five, six, seven, eight, nine, ten"等。通过复习这些数词引入了

"eleven, twelve, thirteen, fourteen, fifteen, sixteen, seventeen"等。在复习旧知识的过程中，学生强烈的表现欲望被有效地激发了，每个学生都想要表现自己，都愿意参与到课堂教学活动中来；在学习新课的过程中，学生会联系旧知识来消化新知识，通过"熟悉"的旧知识来学习"陌生"的新知识，降低了学习的难度。惯用复习进行导入是小学英语高效课堂中一种重要的导入策略。

五、妙用视频导入

观看卡通视频是学生非常痴迷的一项娱乐活动。英文动画片更是以其生动形象的画面、简单易懂的语言在英语学习中扮演着重要的角色。卡通视频以栩栩如生、可爱逼真的画面吸引学生的眼球，抓住学生的好奇心；卡通视频以丰富多彩、形式多样的内容激发学生的兴趣，吸引学生的注意力。在小学英语高效课堂建构过程中，教师要巧妙利用学生痴迷的卡通视频高效导入课堂。例如在教学《Unit 6 How many classrooms are there in your school?》这一单元时，教师利用教育信息技术制作了一段卡通视频。视频中的小女孩用英语逐一介绍了学校各具风格的班级教室、技术先进的计算机教室、设施齐全的音乐教室等。再比如在教学《Unit 4 I live in a big house》这一单元时，教师利用信息技术手段编辑了一段动画片。在这段动画片中，有一个叫Lucy的小女孩，她带着她最好的朋友来家里做客。她向这位好朋友逐一介绍了她家里的各个房间，整段视频中Lucy和她朋友的对话都是运用前面学过的句型和单词展开的。学生在观看形象逼真的卡通视频的过程中，会被视频中可爱的卡通人物所吸引，视频把学生的注意力吸引到了课堂中来；学生在观看妙趣横生的卡通视频的过程中，会被视频中有趣的故事情节所感染，视频把学生的好奇心有效地触发了。妙用视频进行导入是小学英语高效课堂中一种重要的导入策略。

六、活用绘画导入

绘画是学生非常热衷的一种兴趣活动形式。绘画可以把学生的所见所闻通过多姿多彩、异彩纷呈的画面表现出来；绘画可以把学生的所思所想通过内容丰富、意义深刻的画面表达出来。在小学英语高效课堂建构过程中，教师要灵活运用学生无比热衷的绘画高效导入课堂。如在教学《Unit 2 They're near the window》这一单元时，教师让学生画了一些漂亮的绘画作品。一只藏在纸箱里的可爱小兔，一盆摆放在窗台上的鲜花，一辆放在沙发下面的玩具小汽车，两只躲在门后面的淘气小猫咪，一个挂在墙上的圆形卡通钟表，一只放在箱子里的可爱的泰迪熊，一个放在床上的漂亮布娃娃……再如在教学《Unit 4 I live in a big house》这一单元时，教师也让学生提前画了一些好看的绘画作品。一个帅气的小男孩坐在客厅的沙发上聚精会神地看电视，一家三口其乐融融地围坐在餐桌前吃着丰盛的晚餐，一个漂亮的小女孩坐在卧室的书桌前津津有味地读故事书，一位美丽的妈妈在精心侍弄花园里的花花草草，花园的栅栏上有几只神态各异的小鸟，花园的花丛中有一些自由飞舞的蝴蝶……教师在导入环节让学生集体欣赏了他们的这些优秀绘画作品。学生在赞叹色彩艳丽、美轮美奂的绘画作品的过程中，赏心悦目地参与到了课堂教学活动中来；学生在流连于形象逼真、活灵活现的绘画作品的过程中，幸福愉悦地参与到了英语学习中来。活用绘画作品进行导入是小学英语高效课堂中一种重要的导入策略。

　　综上所述，在小学英语高效课堂建构过程中，教师要充分考虑学生的兴趣爱好，紧密结合学生的年龄特征以及认知水平，采取各种学生喜闻乐见的形式有效导入课堂。通过让学生听唱优美的歌曲，让优美的歌曲把学生带入高效的课堂；通过让学生竞猜有趣的谜语，让有趣的谜语把学生引入高效的课堂；通过让学生走进逼真的情景，让逼真的情景把学生送入高效的课堂；通过让学生复习学过的知识，让熟悉的知识把学生领入高效的课堂；通过让学生观看精彩的视频，让精彩的视频把学生拽入高效的课堂；通过让学生欣赏形象的绘画，让形象的绘画把学生吸入高效的课堂。总而言之，在小学英语高效课堂建构过程中，教师要充分运用好各种手段进行有效导入，让有效的导入成为小学英语高效课堂建构的美妙"前奏"。

参考文献

[1] 陆春虹. 小学英语课堂导入策略探寻 [J]. 教育, 2014, (27).

[2] 颜丽萍. 让歌声在小学英语课堂飞扬 [J]. 贵州教育, 2009, (1).

[3] 卢焕玲. 谜语在小学英语教学中的应用 [J]. 现代教育科学, 2005, (10).

[4] 王芬. 如何优化小学英语课堂教学 [J]. 青少年日记：教育教学研究, 2015, (6).

[5] 任凯露. 将英文动画片引入小学英语课堂教学的设想 [J]. 都市家教月刊, 2010, (2).

浅谈小学英语词汇教学

广州市黄埔区新港小学　傅映萍

词汇维系着语音和语法，是语言的建筑基石。学习外语必须从语言基础知识学起，离开了高效率的词汇学习，语言知识的掌握便无从谈起，交际能力的培养也将成为无源之水。Allen Valetle 曾指出：词汇在所有语言教学中都是重要因素。自然教学法的倡导者特雷西认为：词汇学习对于理解语言和语言输出都至关重要。魏尔金斯更是精辟地指出：没有词汇什么都不能表达。研究听力教学的学者们认为听力的理解程度取决于词汇量的大小，词汇量是制约外语学习效率的最重要的因素。

小学英语词汇量逐年在增加，特别是二会、三会的附加词增加得比较突出，词语涉及面比较广，与现代信息联系得较紧。这种变化趋势也正说明了词汇在英语教学中的重要性，师生必须扎实抓好英语词汇教学，同时也说明死记硬背单词、词汇的教学方法显然是行不通的，必须讲究教法和学法，特别是在单词的拼写记忆方面。在教学过程中如能根据小学生的心理特征，采取适合小学生特点的教学方法，将对学生的发展大有益处。我从多年的小学英语教学中总结认为，phonic（拼音教学法）教学法在英语单词的拼写记忆中能达到事半功倍的效果，有效地减轻了学生的学习负担，提高了学生的学习兴趣以及教学效率。下面就谈谈我的做法。

一、音、义、形结合法，发音是单词拼写形式的关键和前提

对于初学英语的小学生来说，他们的单词大多是表达物品或人物名称的名词，他们对这些物品和人物都很感兴趣。因此，教学时注意激发学生的兴

趣，从学生感兴趣的内容出发，用直观的教具比如实物、人物头饰、图片、投影（同时呈现单词）等，让学生先获得感性认识，然后听清教师的发音，继而进行模仿、操练，以达到熟练的目的。在掌握发音的基础上再进行拼写形式的练习。此时应注意引导学生区分字母发音与单词发音的联系，比如字母a在apple这个单词中发［æ］，apple［'æpl］，而a在cake一词中发［ei］，cake［keik］，注意留意同样是字母a，在cake和apple两个词中的发音是不相同的。这样一来，学生就能很好地把读音、拼写、词义结合起来，并养成以读音记忆单词的良好习惯。这种方法跟汉语拼音的教学方法是相似的。

二、分音节记忆单词法

任何一种语言都有自己的发音和拼写规律，英语作为一种拼音文字，更加如此，毫无例外。英语单词的发音、拼写也是有规律可循的。因此，教给学生单词的发音、拼写规律，教给学生记忆单词的方法远远比教给他们一些简单的知识重要。"授之以鱼，不如授之以渔。"在教学中注意短单词的拼写方法指导，更加注重长单词的学习。教学短单词时注意教给学生开、闭音节的判断方法，元音字母（组合）、辅音字母（组合）的基本发音方法，让学生在学习中尝试，积累方法。比如教bag一词的发音和拼写时，我尝试了按字母读音记忆单词的方法学单词。bag这个单音节词可以按照a［æ］—ag［æg］—bag［bæg］这样的顺序教学生发音和拼写的方法；然后运用这种方法学cat［kæt］，map［mæp］，cap［kæp］等单词，学生很容易就能记住单词的读音及拼写形式，这样可以让学生尝到成功的喜悦（特别是中下生），又能够快速有效地记忆单词；再让同学尝试hat，bat，bad的读音和拼写练习，接着引导学生寻找这些单词在语音和拼写中的规律、方法，对这些单词进行总结、归纳，获得理性认识；然后再让学生进行下列词的拼写练习，如lab，fat，dad，lamb……再把获得的理性认识进行升华，进行总结、归纳；可以利用chant和绘本进行巩固练习，最后布置课后作业，应用这些方法指导自己的实践，完成含这种规律的单词的读音、拼写、记忆的练习，掌握规律和方法。在对这些单音节单词拼写有了一定的认识以后，进行长单词的记忆就轻松多了。比如，

international. computer 等这样的长单词在高年级教学中经常碰到，学生记忆这样的单词很困难。但是，如果能教给学生方法，就容易多了。在教学时我首先教学生按元音字母（组合）多少进行划分，把长单词划分成几个部分即音节，再按开、闭音节的方法教学。我把international分成 in-ter-na-tion-al五部分，把computer分成com-pu-ter，把toilet分成toi-let，然后按照字母（组合）在开、闭音节以及重读音节的发音进行教学，这种化整为零的方法，减轻了学生的学习压力，同时增强了信心。如此进行反复的训练，学生的见形读单词、记单词，听音写单词的能力得到了很大的提高，记忆单词的效率也大大地提高了。这样就可以避免养成过去那种靠死记硬背来记忆单词的不良习惯，而且这种方法能使单词的记忆长久，不会忘记，也能提高单词的准确性。

三、PC法（preview in context）

小学高年级的同学具有一定的单词量，也具有一定的分析、推理、判断能力，因此采用PC法即上下文预习法来学习词汇，了解词汇的中文意思，理解课文，更能发挥学生的主动性和创新能力。它通过提问、讨论的方式来调动学生的积极性，培养他们动口动手动脑的习惯，以及其逻辑思维能力、上下文推理能力、解释单词的能力和扩展单词的能力。比如，当我教到新编广州市小学英语课本BOOK 4《Lesson Five 1》时，我就采用了PC法。它有呈现、提问、讨论、扩展四个环节。首先让学生看图听录音、投影课文内容再听录音，整体呈现课文内容；接着提出问题：people, how many, job, policeman, farmer, student, 这些单词或词组是什么意思？怎样读？下列句子How many people are there in ...?　What's ... job? 是什么意思？如何回答？你是怎样理解的？运用了哪些知识进行逻辑推理？你能用什么词进行解释？然后让学生进行讨论。在讨论的过程中学生的动口、动脑习惯得以养成，接着让学生汇报讨论结果。教师顺着他们的答案引导他们进行词汇的扩展练习，如由policeman到police，policemen, policewoman, policewomen, police office；把pupil跟student 进行比较，以达到准确理解词汇含义的目的。另外从farmer扩展到farm，on the farm的学习。通过积极讨论、教师的点拨，学生已能掌握词汇、句子及整段文章的意思。如此一来，在学习过程中发挥了学生的主体作用，避免了教师传授、学生被动接收的呆板做法，有效地提高了学生运用知识进行逻辑推理和分析的能力。

四、简笔画

在教学单词时会碰到比较抽象甚至难以用语言表达清楚的内容，比如词与词之间的区分，这时候就可运用简笔画把抽象变为具体。比如要区分house与room则用下列的两幅图就行了。

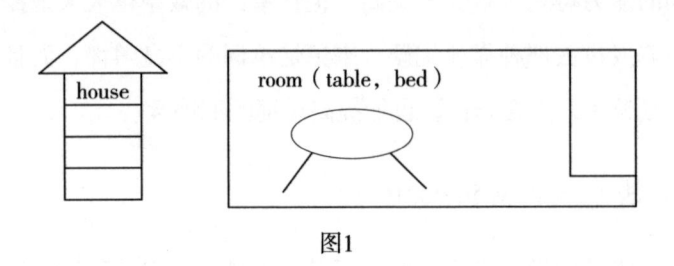

图1

这样简单的几笔就能使学生准确地理解和区分house和room，并能快速记忆单词中文意思，有趣的图画激发了学生强烈的兴趣，发展了学生的形象思维，达到快速、简单、明了的效果。

五、图表对比法

当讲到旧广州市小学英语课本BOOK 3代词小结部分时我采用了图表对比法。我设计了这样的对话和表格：

教师指着自己和一个苹果，说："I am Miss Fu. This is my apple. This apple is mine. Please give me the apple." 然后指着一个同学和他的书包对这个同学说：

"You are Jack. That is your bag. That bag is yours. Please give me your pen. Thank you."

"The boy is Tom. He is a pupil. Please give him the ruler. This is his ruler. This ruler is his."

表1　不用人称类别

人称类别	第一人称单数	第二人称单数	第三人称单数
主格	I	you	he
宾格	me	you	him
物主代词	my	your	his
物主代词	mine	yours	his

在图、表格和人物的表情、手势的帮助下，学生理解、掌握起来就显得轻松了，把复杂的内容变得简单、明了。

六、"活"单词与"死"单词

经常听说某某发下宏愿，要一口气背下一本几千甚至几万词的词典，认为这样可以一劳永逸地解决单词量问题，不幸的是，这样做的人，大部分都失败了。背了若干遍的单词，很难在脑子里生根，不是很快忘掉，就是搞成一团乱麻。因为他们背的都是脱离了句子和课文的"死"单词，大脑对这类东西格外难以留下印象。著名的心理学家艾宾浩斯曾拿自己做过对比实验，结果记住18个有意义的音节，只需要9遍，而记住18个无意义的音节，却用了80遍，不仅如此，孤立地背"死"词，还难以掌握它在句子中的灵活用法。因此，即使记住了一部分"死"词，它们也多属"残障人士"。如何使单词"起死回生"呢？——造句子、背课文。课文不局限于教科书，也可以是故事、新闻……总之，就是能把一个个冰冷的单词变成生机勃勃的故事文章。在大量的整段背诵中，多次重复不断地激活记忆的单词，其用法自然而然就深入骨髓了。实际上，这种"深入骨髓"就形成了学语言最重要的"语感"。

（1）对于小学低年级的同学来说，由于单词相当有限，可以允许他们用中文夹带英语的形式说句子，或编故事，在句子中或故事中把单词用活，以达到长久记忆的目的。

（2）高年级的同学则应学会用词造句子，编对话，讲故事，写文段，背课文，适当读一些课外读物。所有这些都有利于学生掌握词汇。

七、记忆单词要跟西方的文化结合起来

正如不懂中国文化那样，就不能理解"中庸之道""墨守成规"，不懂得西方文化，就不能理解一些单词的特定含义。因此，要想把词汇理解得深和透，必须把英语单词跟西方的文化结合起来。

八、读、编顺口溜、小诗，记忆单词

顺口溜是人们喜欢的语言形式，是长期经验的总结。小学阶段的反义词比较多，零零星星地分布在不同的课本里，不容易记忆。因此，我采用了顺口溜的形式把它们放在一起，加强记忆，达到了很好的效果。如：open是（开）close（关），sit是（坐）来stand（站）……也引导他们自己总结，把一些比较分散的知识联系起来，加强记忆的效果和提高学习效率。另外，课本中有许多小诗，都是很好的材料，我们必须好好地利用。总之，能利用来调动学生积极性的方法都可以使用，教无定法，大胆实践。

中小学体育教师如何应对新课程标准下教学之我见

广州市黄埔区新港小学 李金胜

教师是体育课程改革的实施者,因此教师对新课程标准的理解和把握,决定了课程改革的成败与否。进入21世纪以来,我国逐步开始了新课程标准的研制与实施。学校体育也积极投身到课程改革的事业当中。自从新课标开始推行以来,经过教育工作者数年的努力,取得丰硕的果实。但是不容忽视的是,由于传统的教学观念在教育战线中长期处于统治地位,广大的中小学教师在工作过程中遇到许多困扰,出现了各种各样的问题,有的甚至偏离了课程改革本来的目标。一些体育教师对改革后的教学感觉无所适从,有很大一部分学校的课程改革实施情况并不理想。因此,笔者就课程改革中出现的这些问题进行分析并提出建议和改进方案。

一、如何理解体育课程改革的意义与本质

1. 体育课程与体育教学

在体育课程改革的过程中,正确认识体育课程与体育教学的关系是首当其冲的基本问题。这两者既有联系又有区别,只有了解了这个问题,我们才能正确把握改革的目的和方向。

课程是一种预先设定好的行动计划,包括具体的目标以及如何实现这个目标的手段和方法。盖伦·塞勒将课程定义为"为教育者提供一系列学习机会的计划"。大卫·普拉特(David Pratt)认为"课程是正规教育或培训的一套有组织的打算"。乔·威尔斯(Jon Wiles)和约瑟弗·邦迪(Joseph Bondi)认为

"课程就是学习计划。因此，由目标来决定什么样的学习非常重要。"而一些人本主义学者认为课程是学生在教师的指导下所获取的所有的经验。还有的观点认为课程即研究领域或者学科内容。事实上课程不仅包括内容，也包括实施的过程；不仅包括教材的选取，也包括编排和活动。教学则是一种活动，是教师和学生以课程内容为媒介的共同活动，是有目的、有计划、积极主动地掌握知识、能力，增强体质并形成道德品质的过程，它并不包括课程的设计及课程标准的制订。

2. 体育课程价值观

体育课程价值观是人们从自身和社会发展的需要出发，对体育课程价值的认识、理解、观点与解释的总和，是主体根据体育课程对其自身及社会的意义或重要性进行评价和选择的原则、信念和标准。在我国的体育史上，体育课程价值观曾发生过多次变化，从民国时期的军事价值到中华人民共和国的体育教育价值观以及竞技体育价值观等，但由于当时对体育和体育课程的认识还具有局限性，所以对体育课程价值的认识尚不完全。新课程改革的目的就是创建以人为本的体育教育价值观，2001年颁布的《中小学体育与健康课程标准（试行）》，确立了以人为本、以学生为主体、以"健康第一"为指导思想的课程观，从学生的体育学习的发展需要出发，以五个学习领域目标，整体体现了体育课程促进健康、发展运动技能、学习体育文化、促进心理健康和提高社会适应性等多元体育价值观。

3. 体育课程改革的本质与目的

体育课程改革的本质是强调"健康第一"的指导思想，提出"素质教育"的理念，并创建全新的、合理的评价体系；目的是推行新的课程标准，树立以人为本的体育教育价值观，重视体育课程实施过程，坚持自上而下的课程实施策略和忠实取向的主流地位。

在新形势下，在中小学推行新课程标准，实施体育课程改革，广大教育工作者要认清体育课程的意义与价值，把握课程改革的深刻内涵，并与教学实践紧密结合，以实现新体育课程改革的根本目的。

二、新体育课程改革中中小学体育教师面临的问题

（一）新体育课程改革的理论基础薄弱

我国的课程理论研究相对国外还处于比较落后的地位，由于历史的原因，理论层次依然处于起步阶段，虽然近些年来，在各方面努力之下也取得了一些显著的成果，但就课程设计这个方面来说，依旧存在着理论程度较低、过于依赖国外现有理论、研究内容单调、研究范围狭窄以及与实践结合不够紧密等问题。这些都从根本上制约了体育课程改革的步伐，理论上的不足导致了实践上的混乱，体育教学过程中出现了许多令人啼笑皆非的现象，完全背离了体育课程改革的初衷和根本目的。

（二）现有体育课程改革理论与教学实践之间的差异

除了理论先导不足之外，体育课程改革与我国现阶段教育情况也有一定的差距。我国的课程理论主要来源于西方，课程改革的理论支撑也是基于国外的教学实践所得出的经验和理论，对我国一线教育工作者、中小学体育教师来说，在理解上会存在一定的偏差和误解，进而影响这些理论的应用和扩展。古人说"淮南为橘，淮北为枳"，国外的先进理论成果当然值得我们借鉴，但是必须基于现实的土壤，与本国国情相结合，与本国教育实践相结合，而不能不加筛选地全盘接受。一方面，我们的体育课程改革固然要朝着全世界发展方向前进，与国际学校体育发展接轨；但另一方面，我们要考虑到我国的基本国情，结合自身发展特点，不能脱离实际。

（三）中小学教师对新体育课程理论的认识还不够深刻

在新体育课程标准实施之后，研究者通过问卷调查法对中小学体育教师的课程观念进行了研究，发现许多中小学体育教师对《新课程标准》的认识还不够深刻，存在相当多的误解和扭曲，表现为感觉体育课教学难度增大，课程内容更为复杂，无法有效地指导学生等。造成这个问题的原因一方面是我国体育课程改革理论来源于国外，相对难以理解；另一方面，我们广大中小学体育教师对体育课程改革理论的学习不足，相关领导对这个问题不够重视，而且我国的体育教学设施相对落后，这些都制约了新体育课程改革的进行。

1. 课程内容的选择莫衷一是

新体育课程标准强调体育课程的选材应该以健康为目的，课程的目标为增进身体健康，提高心理健康，增强社会适应能力。由于《课程标准》没有对完成课程目标所需内容和方法做明确的硬性规定，以至于出现体育课程内容选择混乱的情况。曾经出现过体育课是否要加入传统竞技项目的争议，尤其是田径、体操等比较枯燥的体育项目，有人质疑"原地滑步推铅球"这样的项目并不适合作为教学内容，并引发了广泛的讨论。理论上的不确定导致了实践上的混乱，广大中小学体育教师莫衷一是，体育课程内容的选择也五花八门。

2. 课程设计不够合理

课程设计的过程是确定一门课程组织形式和组织结构的过程，不仅包括对体育课程价值的选择，也包括在授课技术上的具体安排以及课程要素如何进行组织和实施。新体育课程标准要求"以学生发展为中心，重视学生的主体地位"，反映在课程设计上即为强调学生的兴趣，要采用各种教学手段来调动学生的积极性，事实上，在许多调查研究中都发现有这样的问题：教师在课程设计过程中对自身定位不准，把以学生为主体理解成以学生为中心，把重视学生兴趣演化成为"唯兴趣论"。不仅导致教师在教学过程中不能很好地起到应有的指导作用，而且也无法起到体育课应有的作用。甚至有些学校出现"放养式"教学，"一块场地两个球，教师学生都自由"这样的情况。这也反映出我们广大中小学体育教师对新课程理论理解上的偏差，以及在课程设计上存在的不足。

3. 忽视体育课程实施的重要性

体育课程实施是把经过选材并设计好的体育课程在实践中表现出来的过程，是从理论到实践的过程。体育课程实施是整个体育课程的实质环节，课程设计是否合理，只有在体育课程实施的过程中才能得到检验；同样，优秀的课程设计也只有通过合理的体育课程实施才能表现出来，从纸面上来到现实。在体育课程改革过程中，我们发现了漠视体育课程实施的现象。有的教师似乎在精心完成教案之后便觉得大功告成，对具体的课程实施的过程漫不经心，致使体育课不能达到预想的目标，更谈不上实现课程改革的根本目标了。有时由于场地器材等原因，或者教师自身能力有限，体育课程没有得到很好的实施。

4. 新课程标准中的评价体系没有得到很好的执行

新课程标准建立了多元的评价体系，力求使评价方式多样化，它包括学生、教师、课程三个维度，对学生的学习、教师的教学以及课程建设都有相应的评价标准。这就修正了旧的课程体系中，对学生的评价过于注重成绩的弊病，与课程目标中规定的健康第一相一致。此外，新课程标准提倡对学生进行自我定向的纵向评价，避免或者淡化横向的比较和评价，这有助于提高学生的体育兴趣，也有利于促进学生的心理健康。同时，学生之间进行相互评价，也可以帮助学生更清楚地认识自己，在这个过程中也增进了人际交往能力。然而在实际操作过程中，出于各方面的原因，这套评价体系没有得到很好的执行。首先，升学的压力导致了对运动成绩的追求，致使在课程实施过程中依然过度重视运动成绩，不能很好地体现新课程标准中淡化单一成绩指标的初衷。其次，对教师教学的评价也片面地以成绩、升学率为标准，没有能够结合实际来进行综合评价。

三、对中小学体育教师应对新课程标准时教学的建议

1. 从实践中总结经验，提高理论水平，完善体育课程理论体系

理论是实践的现行指导，鉴于我国的理论基础依旧相当薄弱，所以广大教师要加强科研力度，探索一条国外先进经验与本国实际相结合的课程改革道路。在实践中探索，在探索中创新，在创新中发展。

2. 正确认识课程改革中教师角色的转化，进而完成教学方式的转变

由于课程改革中的许多问题是中小学体育教师课程意识不强造成的，所以广大中小学体育教师应继续积极学习体育课程相关理论，以更好地理解课程改革的本质和意义，把握体育课程改革的目标和方向，努力提高自身素质，满足体育课程改革的需要。

3. 尽快适应新课程标准下的教学，克服传统教学观念的惯性

在教学实践中贯彻新课程标准的各项要求，在体育课程进行的每个环节紧扣新课程标准的主题，以课程改革的目标为体育课的目的。不仅要在具体体育课程内容的选择上体现新意，不拘一格，在课程设计上也要进行详尽的准备，

同时，要将设计好的课程坚决地执行下去。在课程评价方面，要注重多元的综合评价，放弃过去那种单一的、片面的评价思维。

参考文献

[1] 李相如，姚蕾.北京市中小学体育的现状与发展对策研究[J].北京体育大学学报，2006，29（7）：956-957.

[2] 孙璞，夏淑敏.部分城市中小学贯彻体育新课标的调查分析[J].天津体育学院学报，2007，22（2）：182-184.

[3] 江宇.对我国体育课程价值观的追溯及解析[J].武汉体育学院学报，2007，41（1）：78-81.

[4] 高嵘，张建华.对我国中小学新体育课程改革几个基本问题的质疑[J].西安体育学院学报，2007，24（2）：119-122.

[5] 冯霞.改革开放以来中国学校体育改革回顾[J].体育学刊，2007，14（9）：1-5.

[6] 郑华伟.构建学生体育学习主体地位的研究[J].北京体育大学学报，2007，30（5）：667-669.

[7] 张宏成，李睿珂.贯彻《纲要》和《新课标》以来大中小学体育教师教学观念现状分析[J].体育与科学，2007，28（1）：85-88.

[8] 林正兰.基于体育课程改革尴尬境遇的观念转变问题的反思[J].体育与科学，2007，28（6）：80-82.

[9] 徐勤儿，陈金凤.美国基于国家标准的学校体育课程改革的对比研究[J].体育与科学，2007，28（5）：15-17.

[10] 吴雪芹，李传奇.体育与健康课程改革与实施中的制约因素与对策研究[J].科教文汇，2008，12：200-201.

[11] 蒋薇，贾宝剑，李建英.体育课程目标导向质疑[J].成都体育学院学报，2007，33（4）：104-106.

[12] 张细谦.体育课程实施的策略[J].体育学刊,2007,14(4):6-10.

[13] 张细谦.体育课程实施的意义与本质[J].体育学刊,2006,13(2):5-7.

[14] 沈祖芸.体育课改与素质教育本质接轨上海学校体育课程实现观念变革[J].上海教育,2007,11:14-16.

[15] 金燕,季浏,汪晓赞.我国中小学体育校本课程开发状况调研[J].体育学刊,2007,14(7):126-128.

[16] 胡飞燕.新课程标准下体育教师角色的转化[J].上海体育学院学报,2006,30(4):80-82.

[17] 侯广斌,张泽刚.正确解读体育与健康课程标准[J].河北体育学院学报,2005,19(3):58-59.

[18] 侯广斌.中小学体育课程改革过程中存在的制约因素的探讨[J].北京体育大学学报,2007,30(11):1546-1548.

[19] 祖晶,邹飞,季浏.中小学体育教师课程意识现状调查及对策研究[J].山东体育学院学报,2007,23(1):100-103.

[20] 段健芝,梁晔,安福秀.中国学校体育改革路向思考[J].体育学刊,2007,14(8):1-4.

[21] 翁永良.高等学校体育课程教学的健康达标[J].武汉体育学院学报,2003,37(3):125-127.

情境教学在小学体育课实施素质教育中的应用

——小学体育教学活动形式的研究

广州市黄埔区新港小学　张远灵

一、体育情境教学活动形式简介

体育情境教学活动形式是教师根据教学内容和学生的实际，通过设置相关的故事情节、场地器材和情感氛围，提高学生的体育学习情趣，从而发展学生基本活动能力，发展学生体育兴趣的一种新型教学活动形式。这种教学活动形式通过理解、尊重、参与的作用能够有效提高学生学习的兴趣。其特点是通过情境设计使学生产生优势兴奋中心，获取最佳的注意力，让学生在教师设置的情境中完成身体练习，同时陶冶情操。教师可以根据主教材的内容和学生的身心特点，创设情境，将教学各环节的基本要素，设计成一个优化的组合动作流程。如按学生心理变化，将体育课堂教学的基本环节划分为：引起学生兴趣——激发求知欲望——满足求知欲望——提高运动能力——身体恢复。在此基础上考虑设置情境及预期教学效果，力争较好地体现教学的双主性和实效性。

二、体育情境教学活动形式的适用条件

"入境始于亲"，这个"亲"首先是教师的亲和力，或者说是教师与学生的一种"默契"。情境作为客体存在于教学时空，如果它对主体没有足够的亲和力，就没有办法让学生很好地"入境"。因此，情境教学首先要求教师要投入感情地去与学生进行交流，也就是说教师必须具备一定的情态艺术。所谓情态艺术是指准确合理地运用表情和姿态的教学技巧，借以达到吸引学生的注意力、引导学生学习、强化教学效果的目的。所以，要想通过情境将学习主体

引入其中，提高教学实效，教师必须具备一定的情态艺术，才能引导学生顺利地进入学习情境。此外，体育情境教学模式适应的条件还有：小学中低年级学生和适宜的教材。因为，小学中低年级的学生，在意识水平的发展上还不够成熟，对"造境"造出的情境与现实生活中的事物区分不清。因此，比较容易在教师的牵引下"心甘情愿"地进入情境。如果是高年级的学生，在意识水平的发展上比较成熟了之后，一般是不会轻易跟随教师"入境"的。这就需要考验教师指挥和引导的艺术了。

三、体育情景教学活动形式的方法策略

体育情境教学活动形式使用的主要方法是游戏法。游戏法是指为了完成教学任务而使用的各种各样的游戏方式。而游戏是以个人或团体的方式，在模拟合作关系或对立关系下，一起为求取胜利而奋斗的社会（文化）活动方式。它具有以下特点：有一定的情节和思想性，能引人入胜；有较大的运动负荷。此外，运用游戏法应注意有明确的目的，应根据教学的任务和学生的特点选用并周密细致地组织活动。教师应根据规则或要求，教学的内容、时间、场地的大小等条件，调节和控制好学生的运动负荷。因为在引入情境教学时，学生们在游戏中学习大都表现得比较兴奋，运动负荷容易超量。所以适时控制好运动负荷，可以有效防止运动损伤的发生。在学生活动前，教师要讲清楚具体的要求，注意对学生思想和智力的培养。在活动中，认真观察学生的表现，及时指导学生的练习，游戏活动结束的时候必须进行讲评。

示例：

1. 教材分析

小学一年级教材"单双足连续跳"。这动作很简单，做起来很方便又不费时间，而且锻炼效果又很好。既可以发展弹跳力，增强下肢力量，又可以列为跳跃的准备活动的内容。在教材选定的基础上，引入情境教学——"小青蛙捉害虫"。

2. 教学目的任务

通过"小青蛙捉害虫"这个游戏，发展弹跳力，提高学生的跳跃能力，促

进学生下肢肌肉、关节、韧带和内脏机能的发展。培养学生锻炼身体的兴趣，使学生获得兴奋的情感体验。如"小青蛙"们经过努力，捉住了"害虫"，就立刻会产生一种成功的情感体验，兴奋喜悦的情绪就会笼罩全部身心，成功后就会产生一种内心的满足感。所以学生们就愿意一而再，再而三地尝试这种冒险行动。这就是学生们在游戏中始终处在兴奋、愉快精神之中的原因。

3. 设置情境

活动前，教师先给学生们讲"小青蛙捉害虫"的故事，同时让学生转变角色，几名学生变成"小青蛙"，其余学生变成"害虫"。

4. 布置场地

画一个排球场地大小的长方形为"稻田"。

5. 教学过程

"害虫"在稻田里用双脚跳跃。"小青蛙"在稻田里也用双脚跳跃追拍"害虫"，被拍到的学生与"青蛙"互换角色。注意：大家都要用双脚跳，不要跳出界，追拍时不能推拉。在活动中可以边做游戏边唱儿歌："小青蛙呱呱呱，小虫见了就害怕，它是庄稼的好朋友，我们大家保护它。"寓教于乐，既在游戏中锻炼了身体，又在游戏中学会了基本常识和道理。

四、体育情境教学活动形式的运用技巧

情境的设置虽说比较简单，但是要将学生们引入情境中投入地学习，教师还必须能够创造和谐的学习环境。只有"造境"造得妙，才有可能吸引更多的学生"入境"。因此，教师必须掌握好设置情境的技巧。

（1）硬环境——操场（活动场地）的布置，器材的摆放，场地的安排与画法，使学生一到操场指定地点集队就对课堂的环境有个新鲜的感觉，跃跃欲试。这样他们的学习兴趣提高了，思维也会变得敏捷，教学效果也会随之提高。

（2）软环境——融洽的师生关系。在教学中，教师要多鼓励，用表情和丰富的肢体语言感染学生。多一些直观演示和生动的启示，少一些空洞的教学和机械的填鸭，要深入到学生中去，多与他们进行接触交流，注意观察他们的心理变化，沟通情感，缩短与他们之间的距离，使学生在友爱愉悦的氛围中学

习成长。在融洽的师生关系中学会知识，进行锻炼。只有这样，才能让学生们多感官全方位地参与到学习活动中，教学的效率才会大大提高。

参考文献

［1］钟文杰.情境教学在体育课中的妙用［J］.体育师友，1996，（6）.

［2］黄全愈.素质教育在美国［M］.广州：广东教育出版社，1999.

巧用新课标激发小学生体育兴趣

广州市黄埔区新港小学 黄耀

近几年来，随着终生体育和全民健身活动的深入开展，体育兴趣的培养问题更加突出。学生的体育兴趣是学生力求认识某种体育活动并积极参加某种体育活动的心理倾向。它既是学生学习的内在动力，也是学生个体能力发展的起点与依据。激发与培养学生的体育兴趣，不仅能提高学生学习体育的自觉性和积极性，而且能充分体现体育教学中教师的主导作用和学生的主体地位；激发和培养学生的体育兴趣，不仅是体育教学的一种手段，也是体育教学的一个目的。因此，研究如何激发和培养学生的体育兴趣就成为学校体育教学研究的一项重要课题。本文通过创建和谐平等的师生关系，运用生动、形象的教学语言，利用灵活多变的教学方法和手段，创设情知交融的学习情境，从课内外结合游戏和竞赛方法等方面详细地论述了如何激发小学生体育兴趣。

一、创建和谐平等的师生关系，点燃体育兴趣

"兴趣是最好的教师。"在体育教学中，师生间建立融洽的情感是激发与培养学生体育兴趣的先决条件。实践证明：有些学生对体育失去兴趣，是从对体育教师的不信任开始的。因此，体育教师在教学中必须彻底清除"师道尊严"和"教师中心论"的影响，摒弃"一言堂"和斥责、体罚与变相体罚、打骂学生，以及停止学生练习，剥夺学生学习权利的错误做法。否则，必然导致师生关系紧张乃至对立，给学生造成许多心理障碍，破坏学生的学习情绪。学生是不可能在紧张或对立的师生关系中主动地生动活泼地进行体育学习的。

人本主义心理学的主要代表人物马斯洛和罗杰斯都强调学习中人的情感

因素。他们认为，必须尊重学习者，把学习者视为学习的主体，重视学习者的意愿、情感、需要和价值。主张师生间建立一种平等、和谐、良好的关系。教师要成为学习者的朋友与知己，成为学生学习的鼓励者，促进者和指引者。为此，教师必须对学生有爱心，要尊重和信任学生，要深入了解和理解学生，要经常与学生交流思想，交流感情，教师在学生心目中应当是可敬、可亲、可信的人。这样，师生相互信任，相互吸引，在整个教学过程中，就会培养融洽的师生情感，建立良好的师生关系，点燃学生对体育的兴趣。

二、运用生动、形象的教学语言，调动学生的体育兴趣

生动、形象的语言或有个性的"口令"，具有强烈的号召力。作为一名体育教师，不仅要有扎实的专业基础知识和较好的技术水平，还应注意把理论和实践结合起来，并用教学语言准确地将动作要领、方法和要求表达出来。教学语言不仅具有传递知识、对学生进行品德教育的功能，同时也是激励学生学习的重要手段，在体育学中起着重要的作用。通过生动、形象的语言，诱导学生不断深入学习，从而激发学生学习的兴趣和动机。另外，教师还可通过面部各种表情的变化来示意知识传授内容。如眨眼、瞪眼、扬眉皱眉、微笑、咧嘴等，使学生未闻其声却悟其意。

三、利用灵活多变的教学方法和手段，诱发学生体育兴趣

新奇的刺激是引起兴趣的有效方法。因此，在体育教学中不断创造性地利用新颖灵活的教学方法，富于变化的体育教学组织形式与手段，可使教学气氛轻松愉快。音乐给人振奋的感觉，可以把人带入特定的环境，会令学生在不知不觉中进入角色。教学中适时地引入适宜的音乐，会使学生兴趣盎然、情绪高涨，学习气氛更加浓厚。例如，在"送地雷"的游戏中，学生在运送时我适时地播放飞机的轰炸声、战场上的呐喊声，练习的气氛一下子就进入了高潮，比赛变得更激烈。根据教材的特点适当地播放预选的乐曲，不仅可以调节课堂气氛，还能消除学生的疲劳，从而轻松、主动地掌握动作技能。例如，当学生感觉进行武术动作的练习既单调又枯燥时，我选用一些民族音乐伴奏，不仅能使

学生提高学习的积极性，还能增强对古老的中华武术的热爱之情，从而情不自禁地伸拳踢腿，提高自主参与的意识。另外，掌握多媒体教学，充分把现代科技应用于体育教学中，处处注意创新，经常给学生一个崭新的感觉和启迪。体育课中的有些环节（如技术细节和技术关键等）光凭生动描述与准确示范，学生很难掌握，影响了学生的体育兴趣。如果使用直观教学与电化教学，可突破时间、空间的限制，将这些技术细节和技术关键通过慢镜头的反复播放和边看边讲解相结合，学生不仅能准确理解动作要领，高质量地完成学习任务，而且通过这种形式，更能有效地利用学生已有知识和经验，以及学生对新奇事物的好奇心，引发学生学习体育知识、参加体育活动的广泛兴趣。而教学过程的设计也讲究"巧妙"，设计合理，新颖，敢于打破常规。从头到尾，精心设计，别出心裁，令学生感到新奇独特。只要课中出现了"新异"的东西，学生就会精神振奋，跃跃欲试，利用少年学生的这种心理就能有效地诱发学生的体育兴趣。

四、创设情知交融的学习情境，为学生的创造性学习构建舞台

体育内容丰富多彩，体育方法多种多样，体育形式千变万化，教师从"请你跟我这样做"的教学模式中解放出来，为学生的创造性学习构造舞台。体育教学某些项目的练习有时是十分枯燥的，不易引起学生的学习兴趣。这时，要求教师善于创造良好的情感环境，将知识技能融于愉快的气氛之中，引导学生主动地去学习。创设的情境要有倾向性，在强烈的情感体验中，激发其迫切需要去感知新教材，并努力学习的强烈动机。在这种情境中，学生练习就会十分刻苦，但身体上的苦能转变为情感上的乐，短暂的、直接的兴趣将转化为持久的、间接的兴趣。

五、课内外结合游戏和竞赛方法，激发体育兴趣

竞争性强是少年学生的一种心理特征，游戏因其特有的趣味性和竞争性很受少年学生的喜爱。少年求知欲旺盛、求胜心切，喜欢鼓励和表扬。根据这些特点，教师在教学中可多设计带有趣味性的游戏，使每个同学都有参加比赛的

机会。游戏化教学法是在教学过程中，教师通过各种各样游戏教学的形式来使学生进行学习，并培养多方面能力的教学方法。这一方法突出了学生在教学中的主体地位，强调情感和活动的因素在教学中的作用。

体育游戏以其特有的活动形式吸引着儿童，能使学生在活动中充分表现个人的品质和活动能力。运用"游戏化"教学活动一方面可以激发学生对体育产生浓厚兴趣，积极主动地参与到课堂教学中来；另一方面可以促进学生的思维活动，促进学生的智力发展，使学生既能广泛地获取运动知识，又能体验运动乐趣，提高运动技能，从而提高体育课堂教学质量。

在教学过程中应适当穿插带有竞赛性的游戏项目来配合教学，这不仅可以活跃课堂气氛，提高学生练习的兴趣，还能使他们在紧张、活跃的竞赛中达到增强体能、提高动作技能水平的目的。例如，在立定跳远的教学中，让学生模仿小兔子的形态和动作进行练习，让学生两手放在头的两侧做兔子的耳朵，然后双脚向前跳。在此之前，我给予学生一些鼓励性的语言，如"看谁最像小兔子，比一比哪只小兔子跳得更远"。这样做的目的是为了提高学生的学习兴趣，激发他们的好胜心理，促进学生主动练习。再如，在50米快速跑时我利用游戏和竞赛的方法，将学生分成4组，进行追逐跑、接力跑，以及利用体操棒进行跨步跑，这样不仅可以激发学生的兴趣，而且可以提高学生的速度。在体能练习时，也可以采用游戏法来提高学生练习的兴趣和积极性，促进运动习惯的形成。

六、小结

综上所述，兴趣对学生参加体育锻炼，起着积极的推动作用，使之持久而集中，将产生良好的实际效果。这就是学生上好体育课和自觉参加课外锻炼的好处之所在。因此，教师在教学实践过程中，应努力学习求实创新，根据教材的特点，创设各种各样的教学情境，激发学生学习的兴趣和动机。同时教师要努力学习，提高自身理论水平和业务素质，不断地完善自我，为自己的教育事业打下扎实的基础，迎来新世纪体育教学新的春天。

参考文献

[1] 季浏.体育（与健康）课程标准［M］.武汉：湖北教育出版社，2002.

[2] 季浏，汪晓赞.小学体育新课程教学法［M］.北京：高等教育出版社，2003.

[3] 盛昌繁.激发学生体育兴趣的技巧［J］.体育教学，2000，（4）.

[4] 李作方.创设教学活动情景，培养学生创造个性［J］.中国教育学刊，1999，（1）.

[5] 胡跃华，陈受满.体育教师的教学语言［J］.武汉体育学院学报，1999，（6）.

创设教学情境，激发学生创造性思维

广州市黄埔区新港小学　钟珠明

积极推进和全面实施素质教育是实现科教兴国，培养跨世纪人才的战略举措，是基础教育领域的一场深刻变革。全国教育工作会议上指出："必须把增强民族的创新能力提高到关系中华民族兴衰存亡的高度来认识，教育在培养民族的创新精神和创造性人才方面肩负着特殊使命"。体育学科是学校教育中十分重要的一个方面，它不仅与学校的其他课程在很多方面具有一致性，更具有自身的鲜明特性。体育学科为学生提供了独有的、开阔的学习和活动环境，以及充分的观察、思维、操作、实践的表现机会，对于促进学生创新能力的开发提高，具有其他学科所无法比拟的优势。近年来，教学改革已经渗透到各学科的各环节中，体育课也在探索组织教法的创新。一节体育课，从各方面、各环节都可以体现教学改革与创新。本文旨在研究小学体育教学中，如何创设教学情境，激发学生创造性思维的探究。在教学中创设一定的教学情境，从学生个人、学生与社会、学生与自然出发，运用趣味性语言描绘情境、故事创设情境、角色扮演情境等方法，把学生引入一定的情境之中，让学生体验情感，展开想象，活跃思维，为学生开拓一个广阔的想象空间，激发学生创造性思维。

一、从个人情感出发，创设"趣"的教学情境，激发学生创造性思维

此内容所创设教学情境主要在挖掘学生内心情感，陶冶性情，激发学生创造性思维培养。

1. 充分利用趣味性语言，创设"趣"的教学情境

教学语言主要体现在语言的形象、生动而有趣味方面。教学是塑造灵魂、

传授知识的过程，体育课教学还有增强学生体质的任务，所以教学语言形象、生动、有趣，是吸引学生注意、调动他们学习、锻炼的重要因素。练习小步跑时将前脚扒地动作比喻为马前蹄扒地动作；投掷标枪最后出手称为"鞭打"等，这都是充分运用形象语言的例证。体育运动中，特别是武术名称就包含了形象的比喻，如"白鹤亮翅""马步""鹿长跑""鹤飞翔"等。这些形象的比喻把抽象的事物变为具体的形象，对学生掌握知识、技术是有很大作用的。

体育活动内容，特别是体育教学内容的新教材，教师生动有趣的讲解和气氛渲染，很容易将学生带入想象的天地，非常有利于激发学生的创造性思维。在一年级"大鱼网"游戏规则的学习中，我首先让学生想象一下鱼儿生活的特定环境，将界线内规定区域比作"池塘"，界线外场地比作"岸"。然后提出鱼儿离开了水会怎样。孩子们在七嘴八舌的讨论中得出"会失去活力，会失去生命"等答案。通过这种不直接显露目的，而是师生共同创设优化情境，对学生的心理及行为施加影响，从而一步步达到既定教学目标——学会方法，遵守规则的过程，也是激发学生创造性思维的过程。

2. 充分利用音乐，创设"趣"的教学情境

优美旋律，能调动、激发人们的兴奋性和情趣。由于人们在清晰、欢快音乐节奏伴奏下做练习，加上对音乐的理解、想象和受音乐感染力的影响，很自然地在心灵中产生共鸣。所以，它对陶冶情操等具有其他手段无法代替的作用。例如在教学"障碍接力赛跑"游戏教材时，用排球网、框架、棕垫、画线等设置了"敌人封锁线"，用塑料小手枪作为接力棒，再加上播放录有冲锋号声、炮弹声和机枪声交融在一起的音响。在这样的意境中做起游戏来，学生的积极性甚高。

二、从社会情感出发，创设"智"的教学情景，激发学生创造性思维

旨在激发学生的社会情感，贴近师生情感交流，加强学生之间情感的交流，形成良好的班集体，有利于加强集体主义教育，对学生进行完整的人格教育。

1. 利用故事化教材，创设"智"的教学情境

将体育教材内容变成一定的故事情节，将教学过程融入故事当中，将教学过程创造成具有童话色彩的情境。例如，一年级"400~600米自然地形跑"。由于现在的孩子基本上都是独生子女，意志品质较差，以往，每次我教此内容时，都有一部分学生不能坚持到底，很难完成教学任务。因此，我把此内容设计成"小八路送情报"的故事情境，把枯燥的走、跑交替内容换成"穿过小树林—跨过小河—走过独木桥—钻山洞"等情节。课上教师生动的语言、直观形象的教具、颜色鲜明的场地设施都深深地吸引了学生，学生们不仅是故事中的主人公，又是游戏活动的参与者。他们在欢乐宽松的氛围中，不知不觉就学习了本领，磨炼了意志，完成了教学任务。

2. 利用角色的变化，创设"智"的教学情境

通过角色模仿和情境的活动过程，发展学生身体的协调性、灵活性，以及走、跑、跳、掷、攀登、爬越等基本活动能力。如，在做高抬腿跑时，让学生想一想上坡骑自行车时的腿部动作；在培养跑的冲刺能力时，利用"抓特务"等小游戏进行；在跳跃练习时，可创设通过"雷区"；投掷练习时，可创设"炸碉堡，填炮弹"。如此等等，这些情境的创设，一下吸引了学生的参与欲望，使学生有身临其境之感，学习的积极性被调动起来，既锻炼了身体，又能对学生进行思想品德教育。因此，在教学过程中，可根据学生喜欢的角色，如"小警察""小八路"等角色结合教学内容进行，激发学生社会情感，提高智慧。

三、从自然界出发，创设"美"的教学情境，激发学生创造性思维

创设一个在大自然中娱乐的情境，能使学生在动中有趣、动中有情、动中有练，通过意境情绪的驱使进行积极主动的学习。

1. 利用大自然的景象，创设"美"的教学情境

自然无与伦比的美感及景色，会引起儿童的喜悦、惊叹和思考。田野、小河、村庄、高山、游乐场，儿童在这些如诗如画的田园风光中奔跑、跳跃、游戏、投掷，爬越流连忘返。这样丰富了体育教学的手段，也使儿童锻炼了身

体、陶冶了情操、塑造了心灵。创设一个在大自然中娱乐的情境，能使学生在动中有趣、动中有情、动中有练，通过意境情绪的驱使进行积极主动的学习。如以学生所喜欢的大海为主题所创设的教学情境"海娃嬉海"，在准备活动中，激发学生想象海鸥展翅翱翔的动作，从小幅度到大幅度自由飞翔，使全身机体机能均得到调动，为基本部分做铺垫。基本部分（碧波泛舟）将划船的动作作为仰卧起坐练习的迁移练习过程，逐渐过渡到主教材仰卧起坐内容，通过语言设计调动、激励评价手段的巧妙运用，使枯燥的教材内容变为生动活泼的练习场面；紧接着进行群舟竞渡的集体"划大船"的游戏竞赛。高潮部分先是一种原地起浪比赛，看哪一组浪起得像，起得美，四列横队此起彼伏，像大海的波涛；随后将"过桥洞"游戏改编成"冲浪"游戏，看哪一组"冲"得快，"冲"得顺，不松手。尾声部分，让学生做"大海啊故乡"模仿游泳动作、波浪动作的放松练习。这样的设计使整个教学过程有张有弛，情趣盎然，高潮迭起，真正体现了体育主题式情境教学的特点，也充分展示了教师的教学艺术风格。

2. 运用动作模仿，创设"美"的教学情境

小学生活泼好动，极善形象思维，他们见到某种事物，便会情不自禁地浮想联翩，甚至手舞足蹈。教师可抓住这一特点，把"思维—动作"融为一体，在教师预设的情境中锻炼，以无声模仿操作为主，如教师根据季节变化给万物带来的生机为线索开展活动。如"找春天"就是在教师语言启发下，学生发挥自己的聪明才智和丰富的想象力，创造出很多奇妙的动作。教师说"春天来了，小树长高了"，学生可做伸展运动，也可做提踵练习；"春天来了，桃花悄悄开了"，学生可做蹲起斜上举动作，也可三五人拉手成圆形，表示桃花开，"春天来了，青蛙醒了"，学生可边叫边跳。在这样的活动中，使学生的智能和体能有机结合起来，在教师预设的情境教学中，吸引学生的主动参与，为教学打下良好的基础。

总之，在小学体育教学中，结合教材的不同特点，以"形"为手段，以"美"为突破口，以"情"为纽带，以"周围世界"为源泉，以"美、趣、智"为特征，创设不同的教学情境。根据体育教学的目标要求，针对儿童特点，运用故事、音乐、动作模仿等形式，以及现实生活中的典型场景结合学生身体锻炼，对学生的心理、行为、身体发生影响，从而逐步达到体育教学的目标与要求。在教学中，使"情境——教师——学生"三者之间形成相互推进的多项折射的心理，促使儿童用"心"去学习和锻炼，不仅提高了学生的学习积极性，而且也使教学任务在教师预设的教学情境中较好地完成，切实达到了学生在愉快中锻炼、发展的目的，对激发学生创造性思维的养成，取得了事半功倍的教学效果。

参考文献

［1］季浏.体育（与健康）课程标准［M］.武汉：湖北教育出版社，2002.

［2］李作方.创设教学活动情景，培养学生创造个性［J］.中国教育学刊，1999，（1）.

［3］俞瑞康.小学创新教育［M］.上海：上海科学普及出版社，2000.

［4］陈龙安.创造性思维与教学［M］.北京：中国轻工业出版社，1999.

探讨美术教学中的资源利用

广州市黄埔区新港小学　吴海峰

美术学科，是让人们感受美、发现美、表现美、创造美的学科。回顾自己多年以来的美术教学，感觉既忙碌又充实。刚参加工作时"一支粉笔一张嘴，一幅挂图到处走"，总觉得缺乏可利用资源。而新课程让我们将目标投到了学校美术课程资源开发和利用上来。让我领悟到美术教学不仅是一种单纯的技能的学习训练，应该更多关注学生的现实生活，更多关注美术课程与学生生活经验的有机联系。因此，引导我们的教学活动，应走出课堂，走进校园，走向大自然，走进生活。所以我在自己的教学中逐渐使用各种可利用的资源并形成了自己的教学理念。

一、利用环境资源陶冶情操

1. 创建个性化的美术室

创造优美的教学环境和艺术氛围，使学生进一步沉浸在美术气氛中，无疑是将学生思想和情绪立即转移到课堂中的最好办法。美术室是校园文化建设的一个重要组成部分，它能反映出一所学校对艺术教育重视的程度。2004年在学校领导的支持下，我开始着手创建我们学校的美术室。由于同时投入创建的还有音乐室，而学校的资金却有限。所以我尽可能地以最小的投入获取最好的效果，在后来的若干年里每年都对美术室的环境及教学硬件进行充实，逐渐完善，使其形成以自然为主体风格的教学环境。另外美术室还应具有作为学生学习画作的教室的功能，学生的合作学习又是我力主的学习模式，而传统的单人画桌并不适合这种教学模式，我便自己设计了学生用的绘画桌。美术教室要给人视觉的享受和冲击，美术室的布置工作就不能随意，它和班级布置在一定程度上有着很大的区别，美术室的布置应讲究艺术性，有超强的感染力和艺术冲击力，能时刻陶冶师生的艺术情操，提高师生的审美情趣，于是我自己设计规划美术室、绘制了设计图并亲自参与工程建设的全程。美术室划分为学生学习区、美术用品贮藏区、名人名画区（仿制品）、学生画作展示区及教师作品展示区等。为了更好地让学生感受美，我不仅仅着手室内的布置，连美术室外也一并规划，用绿色植物装点走廊，并在走廊墙壁上喷绘上丰富多彩的学生作品，并命名为"艺术长廊"。让学生一进入"长廊"就能感受到美，不知不觉就会放慢脚步，静下心来感受艺术带来的美的享受，如图1所示。如此浓郁的艺术氛围，可以直接刺激学生的视觉和感受，以一种最简洁直观的方式将学生带入一种境界，从而激发起学生的爱美心和求美欲。他们看着这清幽的环境和这些美丽的作品，迫不及待地想要创作出更多更新更美好的东西。不需要过多的语言讲解，学生就可以融入这一设好的情境中去。

图1

2. 以户外写生为途径，领悟环境的重要性

户外写生，要求学生亲近大自然，拉近了学生与社会、与自然、与生活的

距离，而写生本身就是再现生活、美化生活的美术活动。在户外写生过程中，学生必须仔细观察、分析写生对象，了解其结构、色彩、光线、环境等因素，对所写生建筑物、动植物、自然风光等进行全面认识，然后再经过各自审美观的审视，最终把内心的感受表现在五彩的画面上。例如，《素描风景写生》课采取室外写生的形式。自然环境中的各种景物充满魅力，使学生神往，是培养学生观察能力、想象力和兴趣的最理想大课堂。教师可以利用这样的课堂作为引导学生认识大自然，表现大自然和热爱大自然的最佳手段。

图2

二、开发与利用学校周边的文化资源

文化资源也称为民间美术资源，指具有地方文化特色的美术资源。我国幅员辽阔，民族众多，文化风格非常丰富而复杂，美术作为这些地方性文化的主要承载方式，是地方文化的最重要内容和形式之一。教师可以结合身边的乡土美术文化组织自己的教学内容。这一方面可以丰富美术课程的内容，结合学生的生活经验进行教学，很好地激发学生的学习兴趣，提高美术教育的质量；另一方面对地方美术文化的保护、传承、发展也有着特别的意义。学校周边农村的民宅、居民、寺庙等，都可以作为学习内容和资源来开发，设计教学课程，开展教学活动。例如，离学校最近的"南海神庙"中的建筑、热闹的庙会，以及黄埔军校、黄埔港码头等都是好的资源。

三、开发与利用信息化资源

信息化资源主要指多媒体化、网络化、交互化的以网络技术为载体开发的校内外资源。利用学校的网络功能在美术课上引导学生学习、制作个人美术网页开展学生间作品交流。美术教师还利用网络发表自己的教学成果，与本区其他学校的美术教师进行多方面的研讨。

1. 利用多媒体优化教学

教师可借助电教媒体，根据教学内容的不同，再现情境，把教材、教师所讲和学生的思维融在一起，帮助学生使其受阻思维顺畅发展，达成对事物的深刻理解，突破学生的思维定式，进而突出重点，突破难点，增强理解效果。比如《我们爱和平》一课，学生生活在和平的年代，所以他们对"和平"并没有深刻的体会。创作时无从下手。为了解决这一难点，我课前准备了有关战争后的废墟、死伤者的图片和"南京大屠杀"视频片段及学生开运动会、游园活动、圣诞Party的图片。上课前我先播放平时自己拍的全国各地的美景照片并配以班德瑞的轻音乐。学生在放松的状态下进入新课，之后展示准备好的关于战争的图片、视频，让学生感受战争的残酷，再展示表现和平时期美好场景的图片和照片，形成剧烈的反差与思考，让学生更能体会和平的重要性，并渴望和平，从而引起他们创作的欲望。

2. 数码相机用于小学美术教学凸显优势

数码相机使用方便，可随用随拍，拍后可立即看效果，如果不满意，可以删去重拍。数码相机的便捷不仅在于其能方便地获取视觉材料，还在于用它记录的视觉材料可以方便地用于教学——可以通过其他的一些多媒体设备即时放映出来，还可以当场进行修改。另外，利用数码相机的摄像功能，还能把它当一台普通的摄像机来使用；必要时，还可以把数码相机接在电脑上，让其中的存储卡成为存储文件的工具。这两项功能，在美术教学和教研活动中可能派上用场，是一般的光学照相机所不能及的。运用数码相机，可以把一些不可能直接进入教室的物体、场景拍摄下来，用于课堂教学。比如教学"树"这节内容（分两个课时完成）时，为了让学生充分理解树的结构和形态，我课前用数码相机在校园里拍了一些树的照片，上课时把它们展示在大屏幕上。这使课堂分析变得非常直观，为第二课时的写生奠定了良好的基础。又如我在教学《我们爱和平》一课时，当学生完成创作后，用相机拍下学生的作品，当堂连接电视并在屏幕上展示出来，让学生互相评价后教师再对作品从创作思想、画面构图、比例上进行分析评价，并提议学生课后将作品涂上丰富的颜色。这样学生并不认为此"课后作业"是负担，极有兴趣完成。

3. 将网络应用于教学

在利用多媒体平台时我充分利用网络技术，利用网页、博客等开展教学。比如我教学《我们爱和平》这一节课时，当我激发起学生的创作欲望后，学生却会因为缺乏素材而茫然，此时通过链接我的"美术博客"打开"美术课"界面，欣赏范例作品，讲解作品的含义，分析作品的艺术特色和表现手法，探讨哪些是与和平主题相关的事物，及其在画面中的象征性。在美术博客中打开"走进艺术家"介绍齐白石和毕加索，欣赏他们关于"和平"的作品。然后学生在指导下自行创作作品，由于精心的准备，由浅入深地引导也使学生的作品呈现出令人赞叹的创意。最后鼓励学生课后浏览"美术博客"进一步去欣赏相关的创作，并对同学的作品做出评价，要求留下自己的评语。

要更好地利用网络教学，就要用心建设网络。所以我在博客中开辟了美术课界面（以供上课使用）、学生作品区用以发布学生的有关作品，鼓励学生对发布的作品进行评价，这样可以给学生提供展现才华的空间；又开辟了教师作品区，发布黄埔区内各美术教师的作品，供师生欣赏、交流；还开辟了名人专辑，开拓师生的视野、提高学生的欣赏水平，开拓学生的美术视野。同时，可以和相关的艺术网站做链接，达到美术资源的互动和共享。美术教育中互联网的应用实现了师生的互动，从而达成了共识、共享、共进。

综上所述，美术课的课程资源是很丰富的，美术就是一门与生活联系十分密切的学科，生活处处有美术，关键是怎么去发现和挖掘它，美术教学要贴近学生生活，美术教师应该不断研究探讨如何使用这些资源，引导学生从生活中认识美术、走进美术世界，让美术丰富学生生活，让美术课变得丰富多彩。这样学生才能感受到美的真义，才能真正热爱美术，并学会从生活中发现美、创造美。

论兴趣在美术课堂中的重要性

广州市黄埔区新港小学　周阳

小学生美术课程作为素质教育的组成部分，越来越受到教学界的重视。小学美术教育不同于专业美术教育，它是为发展学生的整体素质服务的：以学生发展为本，注重培养发展学生的审美能力、感知力、想象力、表现力等，注重培养创新能力，注重学生的个性发展和全面发展。美术课程改革强调培养学生的学习兴趣，强调合作互动学习，强调情感体验，注重小学学习过程中创新能力的挖掘。

兴趣是最好的教师，提高学生学习兴趣，吸引学生注意力。在美术教学中，培养小学生的学习兴趣非常重要，然而作为一个教师队伍里的新手，在把课程的重难点解决的同时，怎样让课程更加生动有趣，显得尤为重要。

第一学期，我所教的都是低年级的学生，低年级学生的注意力不集中，维持纪律占用的课堂时间比较多。课后我一直在反思，是不是我的课太枯燥？是不是学生对美术不感兴趣？是不是我课前准备还不够充足？这些问题都在一个关键点，我上的课不够生动，不够精彩，不能吸引学生的注意力。

于是，首先对于纪律问题，我制订了加分减分的奖罚制度，结合提出问题，让学生抢答，给予加分并有小奖励。实施奖罚制度后，我发现美术课的气氛越来越好，很多学生不再注意力分散，每次提出问题的时候都会聚精会神地去听，并迅速地举起小手抢答问题。比如，在二年级第一册《恐龙回来了》这一课中，我提出了七八个和恐龙有关的问题，学生对恐龙的小知识都非常感兴趣，学习热情高涨，都举起小手迫不及待地回答问题。下课的时候，有一个学生跑过来说："老师，下次能提更多的问题吗？我都会。"这让我感受到，提高学生的学习兴趣，巧妙地提问是非常重要的。不仅语文、数学主科需要提问，美术课也需要提问，让学生有成就感，让学生对美术课更加有兴趣。

第二学期，我所教的是二年级和五年级，跨度比较大，教材的内容侧重点也不一样。五年级的学生已经有一定的美术认识，有一定的欣赏能力，教材的内容不再停留在一些简单的简笔画，已经涉及一些基本的素描、色彩相关知识。印象尤为深刻的是，第一节美术课，是一节欣赏课，课前准备我前思后想，要怎么把中国画、油画，这些对于五年级的学生来说很难理解的作品介绍给学生，既要把握重难点，又要让学生身临其境地去理解作品的含义以及绘画技巧。我举行了一场"模仿大赛"，艺术往往是相通的，让学生去模仿夸张地表演画中的人物，让他们身临其境，让他们在表演中去了解画家的意图，了解作品的背景含义，在模仿表演中学会欣赏，学会对绘画作品的认知。每一个同学都积极参与到了其中，以小组为单位，每一位同学都举手选出了他们心目中的冠军。

不管是低年级，还是高年级，提高学生对美术的兴趣，要让学生崇拜教师，要树立学生的榜样，学生才会有前进的动力，更会对美术课更加有兴趣。所以，不仅要在导入、活动中下功夫，范画和课程中的示范也非常重要。

比如在教学五年级的《怎样画出空间感、立体感》时，我在课前用了不少的时间精心准备了多幅不同空间感、立体感的作品，刚上课时，我向学生们展示了那些精心准备的示范画，并结合了一些名画，他们马上被作品所吸引、感染，课堂气氛一下子变得活跃起来。当我问他们是否想学习素描画时，个个欢呼雀跃，学习热情高涨，有些迫不及待的感觉。因为他们想学，所以那堂课他们学得很认真、很投入；又因为他们的认真和投入，所以个个画得都很棒，虽然对于五年级的学生来说，怎样画立体感，怎样去理解透视，并画出空间感是非常难的，但是每个同学看到范画和名画后，都非常感兴趣，都想让自己画得更好。

怎样提高学生美术学习的兴趣，从导入、活动入手，更要提高自身的专业意识，从范画入手，抓住学生的"胃"，去设计不同形式的课程，让学生喜爱学喜爱画喜爱艺术。

为了提高学生在美术课上的学习兴趣，我还充分利用生活中的物质材料，比如旧报纸、硬纸板、废旧瓶罐等，引导学生通过剪、拼、贴、折等进行手工制作，激发他们学习美术的兴趣，使兴趣成为他们上好美术课、学好美术的基本动力之一。

　　世界上许许多多的发明和创新，都是先通过想象开始的。因此，我在美术教学中始终以学生为主体，启发他们的想象力，使他们发散思维、产生灵感，培养他们大胆创新的能力。如教学小学一年级《月亮的故事》时，导入时讲了嫦娥奔月、猴子捞月的故事，以故事为启发点，并欣赏了其他小朋友的作品，一起幻想假如我在月亮上，会发生什么有趣的事情，同学们纷纷说出他们和月亮的故事。

　　当我看到他们的作品时，我震惊了：孩子们的想象力太丰富了，创新的能力太奇特了。有的同学幻想自己在月亮上开了一场音乐会，有的同学幻想自己住在月亮上，和亲人朋友们一起幸福生活……我感动至极，美术课激活了学生的艺术细胞，不仅使学生掌握了绘画技能，更重要的是培养了他们大胆创新的能力。

　　在如今的新课程下树立以学生发展为中心的教育观念，美术新课程要求教师立足于学生的生活经验组织教学活动，注重学习过程。小学美术教学中，在掌握技能的同时，不仅丰富了学生的情感，开发了学生的智力，促进了学生个性的形成，还提高了学生的审美能力，逐步形成了学生基本的美术素养。

高效音乐课堂应坚持音乐教育实践观

——让音乐从"心"出发

广州市黄埔区新港小学 张丽茜

音乐审美的历史悠久，是人类早在几千年前就开始探讨的课题，就像人类不断追求美的事物，音乐审美也是人类对音乐一直的追求。然而我认为，在我们的现实中，音乐审美是音乐教育领域里一个理想的目标，但我认为，以实践为主的音乐教育才是达到此目的的重要途径，音乐的实践教育才是教育的重心，反对以实践为核心的音乐教育观理由如下：

（1）新课标要求以审美为核心，而主要手段是聆听音乐，让学生感受音乐的美。这种教育方式有很大的局限性，同样的乐谱，同样的音频素材，同样的教师对不同学生个体的语言引导向学生传递的都是同样的"美"，这就与发展多元文化相违背了。但是，换一种学习方式，让学生自己在演唱、演奏的实践过程中，通过自己的再加工进行记忆，让学生在自行练习中感受乐谱中的强弱、力度、音色的变化，让学生在实践中发挥想象，教师再做引导，这种方式才能真正让学生全身心投入欣赏与学习，真正达到审美的目的，一样的乐谱由不同的人演绎出来的感觉不一，也更适合文化多样性的发展。

（2）没有实践的基础，学生就没有很好的独立欣赏音乐的能力，一辈子要在别人的引导下欣赏音乐，这不算是成功的教育。一个在音乐的领域里有"一技之长的人"即使他的欣赏能力再强、感受再深，也只能算个文学家、理论家或者历史学家，虽然目前的国民音乐教育旨在培养合格的听众而不是优秀的音乐家，但如果脱离了在音乐里的实践，所有的感受就都会变成脱离实际的纸上谈兵。没有实践的经历和能力，学生如何能真正地懂得作曲的强弱变化，作曲家对乐句处理的意图，就算有也是别人告诉过他，而不是自己真正的切身体会。

（3）单纯的以聆听为主的审美为核心的音乐教育越来越不适合国情的发展。我们国家已经越来越强大，人民生活水平越来越高，国民对音乐教育的需要和渴望已经不仅仅是在听觉上面的审美了，从大家已经迫不及待地把家里几岁的小孩送去学习乐器就能说明这一点。虽然学习乐器、有条件进行音乐实践的家庭还是少数，但不代表其余的学生不想参与音乐实践。不管是个人爱好还是喜欢表演，越来越多的人选择参与音乐的实践。择乐器、声乐的学习已经是社会的大趋势，学生在学会审美的同时越来越渴望通过音乐表现自己，脱离实践的审美已经不能满足大众需求，以实践为主的音乐教育已经越来越明显，教育应走在时代的前沿，我们的音乐教育也应该如此。况且，有条件的话，培养合格的演奏者不是比培养合格的听众更向前迈进了一大步吗？

所以，我认为要在音乐教育上把握重点，不能原地踏步，以实践为主的国民音乐教育应放在国民教育的核心位置。反观现实，我们可以找到学生不爱上音乐欣赏课的原因。一方面，学生对音乐欣赏课的兴趣不大，更多的学生喜欢唱歌而不太喜欢听曲子；另一方面，新教材中的音乐欣赏曲，大都以管弦乐曲为主，独唱合唱曲为辅，对低年级的小学生来说，理解是一个很大的难题，更别说去表现它的情感，延伸它的内涵。正是这两方面原因，造就了欣赏课难以进行的局面。

我认为，音乐是一门超越语言的艺术，歌唱、演奏、舞蹈无一不是表现音乐的重要方式，而聆听是实现这些活动的基础。新课标提出音乐教学应当"以音乐审美为核心"，没有聆听，何来欣赏？没有欣赏，何来审美？如何利用学生好奇、好动、模仿力强的身心特点，与音乐相结合以达到更高效的音乐欣赏课，是我入职数月以来思考得最多的一个问题。以下是我的几点经验。

第一点：律动。不管是受过高等教育的天之骄子，还是原始森林里的山野小孩，身体语言不分国界，不分年龄。如果说语文课是教会孩子写诗，数学课教会孩子思考，那我希望在我的音乐课中，学生可以调动起身体的肌肉，全身地投入到音乐中。

一年级的歌曲《国旗国旗真美丽》，是学生入学以来学习的第一首较抒情的歌曲。记得在教授这首歌时，我按部就班地给学生讲解"乐句"这一知识点，不断地范唱，学生模唱，歌曲倒是朗朗上口了，可临近大半节课，讲得焦头烂额，学生还不清楚"乐句"这一概念。由于新入学，学生的热情高涨，随意地走动、吵闹，甚至不知纪律为何物。我想，既然坐不住，那就动起来吧。于是我让学生随着音乐跟我学做舞蹈动作，每一乐句配一个动作，歌曲四乐句下来，四个动作也做完了，不需要过多的讲解，他们已经知道乐曲分了四个乐句，并且在哪里分都清楚。简单地加了一些动作，律动，既满足了学生表现的欲望，又能帮助学生理解简单的音乐知识，更重要的是能让学生发自内心地喜欢音乐。

第二点：心动。每个人的文化修养、生活阅历、家庭条件不同，对同一首歌的理解不同。就像让一个在外漂泊的农民工和一群城市里蜜罐中长大的小孩一起欣赏《流浪者之歌》一样，后者是无论如何也体会不了前者的心境，也不可能深刻感受到该曲的内涵。学习的内容固然重要，学生能理解其中深意也很重要。记得建队日来临之际，一年级的学生要学唱少年先锋队队歌。可是对于他们而言，甚至连歌词都不认识，要如何让学生燃起爱国之心呢？想起儿时老师给我讲的王二小的故事，我重新给学生讲了一遍，学生不知不觉中热泪盈眶，似乎也被感染到。爱祖国，爱人民，学生唱得格外的认真，我忽然间明白，就像花圃里的幼苗，学生的成长需要我们用耐心和爱心去浇灌。心动，不仅仅是学生对音乐的感悟，更是教师对学生的耐心和真心的体现。

小结：不管是音乐教育实践观还是审美观，我们对学生总是抱着很大的期望，生怕学生学不会，生怕学生走了歪路，有时候竟忘了音乐课的本身是快乐，兴趣才是最好的老师。遵从本心，不只是教师要不忘初心，更要爱护学生热爱音乐的初心。幼苗的长成需要好好保护，用爱浇灌，迟早会开花结果。